D1747570

MIX
Papier aus verantwortungsvollen Quellen
Paper from responsible sources
FSC® C105338

Sebastian Möller

Vertikalisierung im Fokus des Bekleidungseinzelhandels

Wettbewerbsvorteile durch Handelsmarken

Diplomica Verlag GmbH

Möller, Sebastian: Vertikalisierung im Fokus des Bekleidungseinzelhandels: Wettbewerbsvorteile durch Handelsmarken. Hamburg, Diplomica Verlag GmbH 2013

Buch-ISBN: 978-3-8428-8152-5
PDF-eBook-ISBN: 978-3-8428-3152-0
Druck/Herstellung: Diplomica® Verlag GmbH, Hamburg, 2013

Bibliografische Information der Deutschen Nationalbibliothek:
Die Deutsche Nationalbibliothek verzeichnet diese Publikation in der Deutschen Nationalbibliografie; detaillierte bibliografische Daten sind im Internet über http://dnb.d-nb.de abrufbar.

Das Werk einschließlich aller seiner Teile ist urheberrechtlich geschützt. Jede Verwertung außerhalb der Grenzen des Urheberrechtsgesetzes ist ohne Zustimmung des Verlages unzulässig und strafbar. Dies gilt insbesondere für Vervielfältigungen, Übersetzungen, Mikroverfilmungen und die Einspeicherung und Bearbeitung in elektronischen Systemen.

Die Wiedergabe von Gebrauchsnamen, Handelsnamen, Warenbezeichnungen usw. in diesem Werk berechtigt auch ohne besondere Kennzeichnung nicht zu der Annahme, dass solche Namen im Sinne der Warenzeichen- und Markenschutz-Gesetzgebung als frei zu betrachten wären und daher von jedermann benutzt werden dürften.

Die Informationen in diesem Werk wurden mit Sorgfalt erarbeitet. Dennoch können Fehler nicht vollständig ausgeschlossen werden und die Diplomica Verlag GmbH, die Autoren oder Übersetzer übernehmen keine juristische Verantwortung oder irgendeine Haftung für evtl. verbliebene fehlerhafte Angaben und deren Folgen.

Alle Rechte vorbehalten

© Diplomica Verlag GmbH
Hermannstal 119k, 22119 Hamburg
http://www.diplomica-verlag.de, Hamburg 2013
Printed in Germany

Inhaltsverzeichnis

Abkürzungsverzeichnis III
Abbildungsverzeichnis III
Tabellenverzeichnis IV

1. Einleitung 1
    1.1 Problemstellung 1
    1.2 Zielsetzung 4
    1.3 Vorgehensweise 6
2. Wettbewerbsvorteile durch Vertikalisierung 7
    2.1 Textiles Wertschöpfungssystem 8
    2.2 Begriff der Vertikalisierung 11
        2.2.1 Front-End-Driven 16
        2.2.2 Back-End-Driven 18
    2.3 Ziele der Vertikalisierung 20
        2.3.1 Strategische Ziele 21
        2.3.2 Kosteneinsparungen 23
        2.3.3 Unsicherheitsreduzierung 26
        2.3.4 Verbesserung der Wettbewerbsposition 26
3. Potenzielle Wettbewerbsvorteile von Handelsunternehmen durch den Aufbau einer Handelsmarke 28
    3.1 Begriff der Handelsmarke 28
    3.2 Funktionen und Ziele einer Handelsmarke für Handelsunternehmen 31
    3.3 Erscheinungsformen der Handelsmarke 34
4. Konzept zur Vertikalisierung durch die Einführung einer Handelsmarke am Beispiel des Hochzeitshauses Haltern am See 38
    4.1 Kritische Analyse der Textil- und Bekleidungsbranche 38
        4.1.1 Gesamtwirtschaftlicher Rahmen 38
        4.1.2 Bekleidungseinzelhandel 40
    4.2 Unternehmensaufbau 44

    4.3 Vertikalisierung durch Einführung einer Handelsmarke 46
        4.3.1 Vorbereitung 46
        4.3.2 Durchführung 51
        4.3.3 Nachbearbeitung 55

5. Fazit **57**
    5.1 Zielerreichung 59
    5.2 Perspektiven 60

Anhang **63**
Literaturverzeichnis **78**

Abkürzungsverzeichnis

DOB	Damenoberbekleidung
HaKa	Herren- und Knabenoberbekleidung
KiKo	Kinderkonfektion
Mrd.	Milliarde
Vgl.	Vergleiche
KMU	klein- und mittelständische Unternehmen
KEF	kritischer Erfolgsfaktor
f.	folgende
ff.	fortfolgende
PoS	Point of Sale
i.d.R.	in der Regel
F&E	Forschung und Entwicklung
bspw.	beispielsweise

Abbildungsverzeichnis

Abbildung 1: traditionelle textile Wertschöpfungskette 11
Abbildung 2: neue vertikale Wertschöpfungskette 13
Abbildung 3: Vertikalisierung in Richtung Markenhersteller 17
Abbildung 4: Vertikalisierung in Richtung PoS 19
Abbildung 5: Motive der Vertikalisierung 20
Abbildung 6: Positionierung der Erscheinungsformen von Handelsmarken 36
Abbildung 7: Lebenszyklussituation im Bekleidungsfachhandel 41
Abbildung 8: Wettbewerbskräfte im Bekleidungseinzelhandel 43
Abbildung 9: Handelsmarke des HHAS 49

Tabellenverzeichnis

Tabelle 1: Abgrenzung Hersteller- und Handelsmarke 31
Tabelle 2: Funktionen der Handelsmarke aus Hersteller-, Handels- und Konsumentensicht 34

1. Einleitung

1.1 Problemstellung

„Die Konzentration der Markenhersteller in der Bekleidungsindustrie macht es dem Bekleidungseinzelhandel immer schwieriger sich gegenüber der Konkurrenz zu differenzieren. Ein wichtiger Wettbewerbsvorteil des Bekleidungseinzelhandels geht somit immer mehr verloren. Eigene Stores, Shop-in-Shop Systeme und Concessions der Markenhersteller erhöhen, durch zusätzliche Konkurrenz, den Druck auf die Einzelhändler. Die Strategie eine eigene Marke zielgruppengerecht im Handel zu platzieren ist die logische Folge"[1]

Das Motto „Handel ist Wandel" zeigt die Veränderungsgeschwindigkeit des Handels, die besonders im Bekleidungseinzelhandel zum Ausdruck kommt. Die Veränderungen des Verbraucherverhaltens und der Marktprozesse, bedürfen einer großen Anpassungsfähigkeit der Einzelhändler.[2] Die Schnelllebigkeit von Trends, der Kaufkraftverlust der Endverbraucher, sowie anhaltende Nachfrageschwankungen auf gesättigten Märkten,[3] machen es immer schwieriger Stabilität im Bekleidungseinzelhandel zu garantieren.[4] Die Einfachheit der Vergleichbarkeit von Produkten und Preisen, die zunehmende Zeitknappheit der Konsumenten und die steigende Angebotsvielfalt ergeben eine Vielzahl von Trends und das Verhalten der Konsumenten wird weniger vorhersehbar.[5] Der leichtere Zugang zu Informationen erhöht die Vergleichbarkeit von Angeboten und verringert die Loyalität der Konsumenten an die favorisierten Einkaufsstätten. Die aktuelle Wirtschaftslage wird zudem von Unsicherheit, Zukunftsängsten und zurückgehendem verfügbaren Einkommen geprägt. Aus diesem Grund ist eine gestiegene Preissensibilität und ein höherer Erwartungswert der Endverbraucher an die Produkte zu beobachten. Die angebotenen Produkte sollen möglichst preiswert, aber von hoher

---

[1] Jochem Möller (2012) Interview, S. 70
[2] Vgl. Hermes, O. (2008), S. 282
[3] Vgl. Zentes, J.; Schramm-Klein, H.; Neidhart. M. (2005), S. 28 ff.
[4] Vgl. Mei-Pochtler, A.; Odenstein, H. (2008), S. 123 ff.
[5] Vgl. Zentes, J.; Moschett, D., Krebs, J. (2008), S. 43 ff.

Qualität sein.[6] Die Konsumenten legen zusätzlich verstärkten Wert auf Individualität. Herstellermarken sind dazu jedoch oft zu wenig differenziert. Nach den Darwin'schen Regeln haben Produkte oder Betriebsformen ohne ausreichende Differenzierung keine Existenzberechtigung.[7] Viele Markenhersteller versuchen daher durch eine aggressive Preispolitik ihren Umsatz zu steigern, was zu einem Verfall der Marken führt.

Der steigende Preis- und Margendruck in der Bekleidungsbranche macht eine effektive Marktbearbeitung nötig. Die traditionelle Arbeitsteilung zwischen Industrie und Handel der Bekleidungsbranche genügt den Ansprüchen des heutigen Marktes nicht mehr. Durch die Globalisierung der Weltwirtschaft und dem daraus resultierenden Verdrängungswettbewerb auf den Märkten findet eine Konzentration der Markenhersteller und somit auch der Einzelhändler statt. Immer weniger Markenhersteller zur Sortimentsbildung führen zu Differenzierungs- und damit zu Kundenbindungsproblemen im Bekleidungseinzelhandel. Die Substituierbarkeit der Modehäuser ist aufgrund von Differenzierungsproblemen eine direkte Folge der Konzentration in der Textilbranche. Dem Bekleidungseinzelhandel wird es immer schwieriger Waren an Endverbraucher abzusetzen und somit die traditionelle Handelsfunktion in der textilen Wertschöpfungskette zu erfüllen. Die Folge ist ein dauerhafter Strukturwandel in der Textilbranche mit Auswirkungen auf alle Stufen der textilen Wertschöpfungskette. Betroffen sind neben dem Bekleidungseinzelhandel auch die Textilproduzenten[8] und Markenhersteller[9]. Markenhersteller betreiben zunehmend eigene Verkaufsflächen bzw. bieten Einzelhändler Handelsmarken[10] in ihrem Sortiment an und weiten dies zum Großhandelsgeschäft aus.[11] Die Trennlinie zwischen Einzelhandel und Markenherstellern verschwimmt durch die Vertikalisierung der Marktteilnehmer zunehmend. Durch eigene Distributionssysteme, wie z.B. eigene Stores, Shop-in-Shop-Konzepte[12] oder Concessions[13], treten

---

[6] Vgl. Fensky, P. (2008), S. 352
[7] Vgl. Hermes, O. (2008), S. 282
[8] „…gewinnen Rohmaterial, stellen Zwischenprodukte her oder fertigen die finalen Bekleidungsprodukte…Produktion durch Markenhersteller oder Einzelhändler eher die Ausnahme…" Kerner, J. (2010), S. 23 f.
[9] „…entwickeln Produkte und Zwischenprodukte…lassen Produkte von Produzenten fertigen und vertreiben die Endprodukte klassischerweise über den Einzelhandel an den Endkunden" Kerner, J. (2010), S. 23 f.
[10] Synonym für Eigenmarke
[11] Vgl. Kerner, J.(2010), S.1
[12] "…Teile des Sortiments großer Einzelhandelsbetriebe werden durch den Shop-in-the-Shop akquisitorisch und räumlich als Spezialabteilung oder Spezialangebot herausgehoben." Ausschuss für Definitionen (2006), S. 72
[13] "…kooperatives Flächenkonzept im Handel, bei dem Concession-Nehmer Verkaufsflächen von einem Handelsunternehmen anmieten und bewirtschaften" Ausschuss für Definitionen, 2006, S. 66

Markenhersteller in Konkurrenz zum Bekleidungseinzelhandel. Somit entziehen die Markenhersteller dem Handel seine traditionelle Distributions- und Handelsfunktion zwischen Industrie und Endverbraucher in der textilen Wertschöpfungskette der Bekleidungsbranche. Die traditionelle Hersteller-Händler-Beziehung steht immer stärker unter Druck und die Abhängigkeiten des Bekleidungseinzelhandels von den Markenherstellern steigen weiter an. Die Gefahr der Nichtberücksichtigung im Distributionssystem, durch Markenhersteller mit eigenen Distributionskanälen, oder schlechteren Einkaufsbedingungen aufgrund der gesteigerten Marktmacht der Markenhersteller, muss in den strategischen Planungen des Bekleidungseinzelhandels berücksichtigt werden. Branchenfremde Anbieter, wie z.B. die Supermarktkette ALDI, die Mode in ihr Sortiment aufnehmen, verschärfen durch Category-Diversifikation[14] den Konkurrenzdruck im Bekleidungseinzelhandel zusätzlich. Die strukturellen Änderungen in der Bekleidungsbranche beschreiben die Dynamik des Handels,[15] auf die alle Mitglieder der textilen Wertschöpfungskette reagieren müssen.

Die Vertikalisierung der Markenhersteller stellt für den klassischen Bekleidungseinzelhandel ein Bedrohungspotenzial dar. „Handel ohne Handel"[16] wird zudem durch die technologische Entwicklung und dem Variety-Seeking[17] der Endverbraucher verstärkt. Immer mehr Modehäuser vertikalisieren sich daher rückwärts, indem sie eigenständige Kollektionen mit Handelsmarken auf den Markt bringen, um sich von der Konkurrenz besser differenzieren zu können und die eigene Substituierbarkeit für Endverbraucher zu verringern. Durch die Einführung einer Handelsmarke am Markt sollen die eigenen Vorstellungen einer Kollektion zielgruppengerecht umgesetzt und Gewinnmaximierungs- sowie Kundenbindungspotenziale geschaffen werden. Zusätzlich werden die Handelsmargen der Endprodukte, durch den Wegfall von Wertschöpfungsstufen, verbessert. Handelsmarken sind mittlerweile in allen Preissegmenten zu finden.

Starke und verlässliche Kooperationspartner, die Bereitschaft Neues zu lernen und ein gesundes Kerngeschäft sind die Basis einer erfolgreichen Vertikalisierung. Eine optimale Gestaltung der neuen textilen Wertschöpfungskette ist die Voraussetzung zur Generierung von Wettbewerbsvorteilen.

---

[14] Vgl. Zentes, J.; Schramm-Klein, H.; Neidhart, M. (2005), S. 53 ff.
[15] Vgl. Zentes, J. (2006), S. 5
[16] Vgl. Zentes, J.; Neidhard, M.; Scheer, L. (2006), S. 73
[17] Vgl. Zentes, J.; Schramm-Klein, H.; Neidhart, M. (2005), S. 55 ff.

In der Textil- und Bekleidungsbranche herrscht seit langem das Motto: „Die schnellen schlagen die Langsamen"[18] Der Zeitraum für eine Kollektionserstellung durch Markenhersteller dauert traditionell vom Entwurf, über die Order der Einzelhändler und der abschließenden Auslieferung, bis zu einem Jahr.[19] Das Risiko, aktuelle Trends bei der Entwicklung von Handelsmarkenprogrammen nicht umgesetzt bzw. Trends nicht durch Fremdware eingekauft zu haben, ist groß. Aktualität in der Kollektion und die Umsetzung von Trends im angebotenen Sortiment stellt in der Bekleidungsindustrie einen kritischen Erfolgsfaktor dar. Eine flexible Anpassung an wechselnde Umweltbedingungen ist für eine langfristige Existenzsicherung elementar wichtig, um am Markt zu bestehen. Bei traditioneller Arbeitsteilung ist dies nicht möglich. Die Optimierung der gesamten Wertschöpfungskette kann durch eine Verkürzung der Kollektionsentwicklung zum Wettbewerbsvorteil werden, da aktuelle Entwicklungen der Modewelt schneller umgesetzt werden können. Die Wettbewerber im Bekleidungshandel haben es darüber hinaus zunehmend schwerer, sich über die Qualität ihrer Güter zu behaupten, da das Preisargument beim Kauf von Bekleidung immer weiter in den Vordergrund rückt. Eine optimal gestaltete Wertschöpfungskette bietet daher die Möglichkeit, Wettbewerbsvorteile aufgrund von Kostenvorteilen gegenüber der Konkurrenz zu generieren. Vertikalisierungen von KMU[20] des Bekleidungseinzelhandels sind mit einer hohen finanziellen Belastung für das Unternehmen verbunden. Häufig entsteht zusätzlich bei KMU des Bekleidungseinzelhandels, aufgrund zu gering verfügbarem Personal, ein Zeitproblem angesichts des hohen Organisations- und Arbeitsaufwands einer Vertikalisierung. Die Folge ist oft die Vernachlässigung des Kerngeschäfts, das die Basis für die Vertikalisierung bildet. Zusätzlich werden die Beziehungen zu den Markenherstellern belastet, da man in Konkurrenz zueinander tritt.

1.2 Zielsetzung

Der Fokus des vorliegenden Fachbuchs liegt auf den Wertschöpfungsstufen der Bekleidungsindustrie und dem Bekleidungseinzelhandel der textilen Wertschöpfungskette. Als Erkenntnisobjekt dient ein Einzelhandelsunternehmen der Bekleidungsindustrie. Das

---

[18] Jochem Möller (2012) Interview, S. 79
[19] Vgl. Wrona, T. (1999), S. 369
[20] „unabhängige Unternehmen mit bis zu neun Beschäftigten und weniger als 1 Million € Jahresumsatz als kleine Unternehmen und solche mit bis 499 Beschäftigten und einem Jahresumsatz von bis unter 50 Millionen €, die keine kleinen Unternehmen sind, als mittlere Unternehmen.", IFM Bonn (2012)

Ziel der vorliegenden Untersuchung ist es, die aktuellen Entwicklungen und Anforderungen des Bekleidungsmarktes durch die Vertikalisierung eines Handelsunternehmens, in Richtung Markenhersteller und die Etablierung einer Handelsmarke umzusetzen. Wettbewerbsvorteile sollen, gegenüber der Konkurrenz am Markt, generiert und der Unternehmenserfolg gesichert werden. Mithilfe der Umsetzung einer Front-End-Driven-Strategie, der Rückwärtsvertikalisierung des HHAS in Richtung Markenhersteller, sollen Potenziale zur Umsatzsteigerung und Existenzsicherung, aufgrund einer bedürfnisgerechten Sortimentsstrategie für die aktuellen und potenziellen Zielkunden, geschaffen werden. Der Trend des stetigen Bedeutungszuwachses von Handelsmarken in der Bekleidungsindustrie soll aktiv realisiert werden. Als Grundlage wird die in Kapitel 2.1 beschriebene traditionelle Arbeitsteilung in der Textilwirtschaft genutzt. Große Modehausketten, wie z.B. H&M[21], und Markenhersteller haben bereits die traditionelle Arbeitsteilung der textilen Wertschöpfungskette aufgebrochen. Das Ergebnis sind erfolgreich eingeführte Handelsmarken am Markt,[22] die sich durch einen schnell aufgebauten Kundenstamm, aufgrund der Berücksichtigung von Kundenwünschen und der Trendaktualität, auszeichnen. In der vorliegenden Untersuchung werden die Vorteile der Vertikalisierung für das HHAS, unter Berücksichtigung der Risiken und Probleme die ein Eintritt in ein neues Geschäftsfeld für ein Bekleidungseinzelhandelsunternehmen mit sich bringt, untersucht. Eine Analyse des aktuellen sowie potenziellen Kundenstamms dient als Ausgangspunkt für die Entwicklung einer erfolgreichen Vertikalisierungsstrategie für das HHAS. Die Festlegung des optimalen Integrationsgrades im vertikalen Prozessmodell und die Optimierung der Wertschöpfungskette stellen weitere Kernaufgaben der vorliegenden Untersuchung, neben der Entwicklung und Umsetzung einer eigenen Kollektion, dar.

Der Vertrieb der Handelsmarken des HHAS, soll neben dem Kerngeschäft Retail[23] auch im Wholesalegeschäft[24] aufgebaut werden, sodass der Schritt zum Markenhersteller abgeschlossen wird. Das Image und die Mentalität des reinen Facheinzelhändlers, soll aufgehoben und in Richtung Hersteller ausgerichtet werden, ohne das Kerngeschäft Einzelhandel zu vernachlässigen.

---

[21] Vgl. H&M (2012b)
[22] Vgl. H&M (2012a)
[23] „Einzelhandel" Langenscheid (1998), S. 228
[24] „Großhandel" Pons (1999), S.809

1.3 Vorgehensweise

Das vorliegende Fachbuch ist in einen theoretischen und praktischen Teil gegliedert. In den Kapiteln 2 und 3 werden die theoretischen Grundlagen der Vertikalisierung und der Handelsmarken erläutert. Kapitel 2 umfasst, neben der Erklärung der traditionellen Wertschöpfungskette, die Begriffsdefinition der Vertikalisierung mit Erläuterungen der Wettbewerbsvorteile, Ausprägungen von vertikalen Systemen und deren Einfluss auf die Wertschöpfungskette. Die Definition erfolgt anhand der Unterteilung des vertikalen Konzepts auf Händler und Herstellerseite durch die Darstellung der Vorwärts- und Rückwärtsvertikalisierung, mit dem Fokus auf einzelhändlergeprägte Rückwärtsvertikalisierung. Ferner folgt eine Beschreibung der Ziele der Integration der vor- bzw. nachgelagerten Wertschöpfungsstufen der Wertschöpfungskette für vertikale Unternehmen. In die strategischen Planungen und Ziele der Vertikalisierung wird die aktuelle Situation und Marktposition des Einzelhändlers, sowie die Strategie, die Kosten und Unsicherheiten, aufgrund der Einflüsse der Stakeholder der Unternehmen, mit einbezogen. In Kapitel 3 werden potenzielle Wettbewerbsvorteile durch den Aufbau einer Handelsmarke beschrieben. Einleitend wird der Begriff der Marke und Handelsmarke definiert. Der Definition folgt eine Erläuterung der Funktionen und Ziele, sowie der Erscheinungsformen einer Handelsmarke. Anschließend wird in Kapitel 4 das Konzept zur Vertikalisierung durch die Einführung einer Handelsmarke am Beispiel des HHAS erläutert. Den Einstieg bildet eine kritische Analyse der Textil- und Bekleidungsindustrie, bei der zunächst der gesamtwirtschaftliche Rahmen beschrieben wird. Gefolgt von einer Analyse des Bekleidungseinzelhandels. Im weiteren Verlauf des 4. Kapitels wird der Unternehmensaufbau des HHAS dargestellt, welcher als Untersuchungsgegenstand im Praxisteil des Fachbuchs dienen soll. Abschließend erfolgt eine praxisbezogene Erarbeitung des Konzeptes für die Leistungserstellung und Etablierung einer Handelsmarke sowohl im Retail als auch im Wholesale, mit dem Augenmerk auf die aktuelle Situation, den Unternehmensaufbau und die Strategie des Untersuchungsgegenstandes, durch eine detaillierte Beschreibung der einzelnen Prozessschritte: Vorbereitung, Durchführung und Nachbearbeitung. Im Fazit der Untersuchung wird ein Resümee über die Umsetzbarkeit und Zielerreichung gezogen. Abschließend werden die Perspektiven der Branche und der Vertikalisierung von Bekleidungseinzelhändlern durch den Aufbau einer Handelsmarke aufgezeigt.

2. Wettbewerbsvorteile durch Vertikalisierung

Der stetige Wandel in der Bekleidungsindustrie zwingt die Unternehmen ihr Geschäftsmodell und Vertriebskonzept ständig zu überdenken, um den schnell wechselnden Kundenbedürnissen und Marktentwicklungen gerecht zu werden. Ständige Paradigmenwechsel im Bekleidungseinzelhandel führen dazu, dass die traditionellen KEF's der Bekleidungsbranche an Bedeutung verlieren. Durch vertikale Integration, vor- oder nachgelagerter Wertschöpfungsstufen, versuchen Unternehmen den strategischen Wandel der Branche auszunutzen und Wettbewerbsvorteile zu generieren. Strategietypen zur Erreichung von Wettbewerbsvorteilen sind nach Porter Kostenführerschaft, Differenzierung und die Konzentration auf Schwerpunkte.[25] Das Ziel einer Wettbewerbsstrategie ist die Schaffung oder Verteidigung eines Wettbewerbsvorteils, der eine überlegene Leistung gegenüber der Konkurrenz darstellt.[26] Die Vertikalisierung von Unternehmen bildet die Basis der Wettbewerbsstrategie der Differenzierung des Leistungsangebots, die Wettbewerbsvorteile durch Einzigartigkeit gegenüber der Konkurrenz generieren soll, um die Oberziele des Unternehmens Umsatzsteigerung, Kundenbindung und Steigerung der Markenbekanntheit zu erreichen. Eine Differenzierung des Leistungsangebots kann über jede Aktivität der gesamten Wertschöpfungskette erreicht werden und muss dem Käufer einen Wert über den Preis hinaus bieten.[27] Wettbewerbsvorteile können in einem speziellen Marktsegment durch Einzigartigkeit im Sortiment, z.B. durch die Führung einer außergewöhnlichen Marke, generiert werden.[28] Einzigartigkeit in der Leistung kann durch die Faktoren, Produktattribute, Leistungsangebote, Dienstleistungsangebot, Intensität und Inhalt der Aktivitäten, Qualität und Kontrolle erreicht werden.[29] Kundensegmentierung und ein strategisches Konzept, das speziell auf die Zielkunden ausgerichtet ist, sind nötig um einzigartige Leistungsvorteile zu offerieren.[30] Wettbewerbsstrategien sollten am gesamten relevanten Umfeld des vertikalen Unternehmen ausrichtet werden. Die Bestimmungsfaktoren des relevanten Umfelds sind dabei die Branchenstruktur, die durch die fünf Wettbewerbskräfte nach

---

[25] Vgl. Porter, M. (2008), S.36
[26] Vgl. Porter, M. (1989), S. 43
[27] Vgl. Porter, M. (2010), S. 169
[28] Vgl. Porter, M. (2008), S. 74 f.
[29] Vgl. Porter, M. (2010), S. 173 ff.
[30] Vgl. Gröppel-Klein, A. (1998), S. 56

Porter (2008) bestimmt wird und die relative Position des Unternehmens im Vergleich zu den Konkurrenten.[31] Die Wettbewerbskräfte sind je nach Branche unterschiedlich stark ausgeprägt und zeigen die Stärken und Schwächen des jeweiligen Unternehmens auf.

2.1 Textiles Wertschöpfungssystem

Traditionell herrscht in der Textil- und Bekleidungsindustrie eine Arbeitsteilung zwischen Warenproduktion und -distribution. Die Produktion erfolgt durch die Produzenten und Markenhersteller, die Distribution durch Groß- und Einzelhandel. Die Textil- und Bekleidungsindustrie wird aufgrund ihrer charakteristischen mehreren Produktionsstufen, die in strenger linearer Determiniertheit aneinander gereiht sind, als textile Pipeline[32] bezeichnet (siehe Abbildung 1). Eigene Produktionen des Handels stellen traditionell eher die Ausnahme dar.

Die Stufen des textilen Wertschöpfungssystems bilden die Faserproduktion, die Textilindustrie, die Bekleidungsindustrie und der Handel.[33] Diese Wertschöpfungsstufen stellen somit das Produktions- und Absatzsystem der Textil- und Bekleidungsindustrie dar. Die Gliederung in die Segmente Textil und Bekleidung erfolgt anhand der Wertschöpfungsstufen. Die Textilindustrie beinhaltet die Bereiche Faserherstellung, Textilherstellung und Textilveredlung. Die Vorstufe stellt die Gewinnung von Natur oder Kunstfasern dar. Die Rohmaterialien werden anschließend zu Garn gesponnen, die Stoffe gewebt, gewirkt, gestrickt und ggf. gefärbt und Sekundärmaterialien, wie z.B. Knöpfe, gefertigt. In der textilen Veredlung werden im nächsten Schritt textile Flächen zur Weiterverarbeitung in der Bekleidungsindustrie erstellt.[34]

Die Bekleidungsindustrie übernimmt die Weiterverarbeitung der Materialien zum fertigen Endprodukt und ist in die Bereiche, DOB, KiKo, HaKa, Hemden, Maschenwaren Krawatten und Baby- und Berufsbekleidung unterteilbar.[35] Ein besonderes Merkmal der Bekleidungsindustrie ist die interorganisationale Aufteilung von Produktionsstufen und Prozessen zwischen verschiedenen Unternehmen zur Fertigung von textilen End-

---

[31] Vgl. Gröppel-Klein, A. (1998), S. 22 f.
[32] Vgl. Dieckmann, A. (1992), S. 11-13; Vgl. Ahlert, D. Große-Bölting, K; Heinemann, G.; Rohlfing, M. (2006), S. 7 f.
[33] Vgl. Paul, D. (2008), S. 7 ff.
[34] Vgl. Wrona, T. (1998), S. 150 f.
[35] Vgl. Paul, D. (2008), S. 11-14.

produkten. Die Bekleidungsindustrie zeichnet sich durch eine starke Vernetzung, Interdependenzen und komplexe internationale Arbeitsteilungen aus. Die Abhängigkeiten zu den vor- und nachgelagerten Stufen im textilen Wertschöpfungssystem sind durch preisliche, qualitative, und zeitliche Lieferanten-Abnehmerverpflichtungen und eine hohe Vormaterialienintensität gekennzeichnet. Die Produkte der Bekleidungsindustrie haben somit einen intermediären Charakter.

Die Weiterverarbeitung (Konfektionierung) der textilen Flächen zeichnet sich durch die räumliche, organisatorische und zeitliche Teilbarkeit der Produktionsprozesse aus.[36] Mit dem Knowhow-Input der Markenhersteller schneiden die Produzenten das Rohmaterial zu, fügen die einzelnen Elemente zusammen und bringen die Sekundärmaterialien, wie z.B. Knöpfe, an. Der Handel ist in der textilen Wertschöpfungskette für die Distribution der erzeugten Produkte an die Endverbraucher zuständig und ist einerseits nach dem Verwendungszweck, wie z.B. Bekleidung oder Heim und Haus und andererseits nach Betriebsformen,[37] gegliedert.[38]

Die deutsche Textil- und Bekleidungsindustrie befindet sich, geschuldet durch die Globalisierung der Märkte, in einem nachhaltigen Strukturwandel, der durch Produktionsverlagerungen ins Ausland, einem intensiven Wettbewerb und innovativen Produkten gekennzeichnet ist.[39] Durch die steigende Globalisierung steht das Preisargument immer weiter im Vordergrund. Die Automatisierung in der Produktion wurde bereits im Jahr 1970 erreicht, sodass die Verlagerung der Produktion in lohnkostengünstige Länder der nächste notwendige Schritt zur Effizienzverbesserung des Wertschöpfungssystems war. Fast alle Unternehmen haben daher ihre Produktion nach Osteuropa bzw. Asien verlagert, um eine kosteneffiziente Wertschöpfungskette zu generieren. Die globale Arbeitsteilung der Prozesse zur Fertigung von textilen Endprodukten wurde aufgrund der hohen Arbeitsintensität mit geringer Komplexität und begrenzten Automatisierungsmöglichkeiten bei der Konfektion nötig.[40] Traditionell erfolgte die Fertigung der Endprodukte in den Hauptabsatzmärkten der EU.

Der Strukturwandel in der Textil- und Bekleidungsindustrie drückt sich durch die höhere Bedeutung der Lohnkosten und in den globalen Strukturen aus. Die Bekleidungsindustrie ist internationaler und flexibler aufgestellt. Dies zeigt der Produktions-

---

[36] Vgl. Wrona, T (1998), S. 151 f. ; Vgl. Paul, D. (2008), S. 12 f.
[37] siehe Kapitel 4.1.2
[38] Vgl. Ahlert, D. (1993), S. 5 ff.
[39] Vgl. DBResearch (2011), S. 2 f.
[40] Vgl. Kerner, J. (2010), S. 28

rückgang seit 1991 in Deutschland von durchschnittlich ca. 70% (Bekleidung 86%, Textil 50%), bedingt durch strukturelle Nachteile, wie dem Lohnniveau. Die wirtschaftliche Notwendigkeit der Verlagerung der Produktion ins Ausland zeigt, dass die Lohnkosten in der Bekleidungsindustrie zum KEF geworden sind.[41] Die Möglichkeiten der Unternehmen bestehen in der Eröffnung eigener Produktionsstätten im Ausland oder Fremdunternehmen durch passive Lohnveredlung[42] oder Vollimporte[43] zu beauftragen die textilen Endprodukte zu fertigen. Der strukturelle Wandel der Bekleidungsindustrie zeigt sich vor allem in der Zahl der Betriebe in Deutschland, die seit 1991 drastisch um 65% abgenommen hat. Jedoch gab es im Vergleich zu anderen Branchen keine überdurchschnittlich hohe Insolvenzquote.

Die Waren der Bekleidungsindustrie die aktuell auf dem deutschen Markt angeboten werden, stammen zu ca. 95% aus Fernost und Osteuropa. In der gesamten EU ist nur noch eine sehr geringe Anzahl von Produktionsbetrieben vorhanden. In Deutschland und der EU sind oft nur noch die Bereiche F&E, Design, Marketing, Vertrieb und Einkauf des Unternehmens vertreten.

---

[41] Vgl. Wrona, T (1998), S. 160 f.; Vgl. Fuchslocher, H. (1993), S. 15 ff.; Vgl. DBResearch (2011), S. 2 ff.
[42] „"...eigene textile Zwischenprodukte werden exportiert und die Fertigprodukte reimportiert." Bug, P. (1999), S. 2
[43] „"...Einkauf von komplett im Ausland produzierter Ware..." Wortmann, M. (2009), S. 93

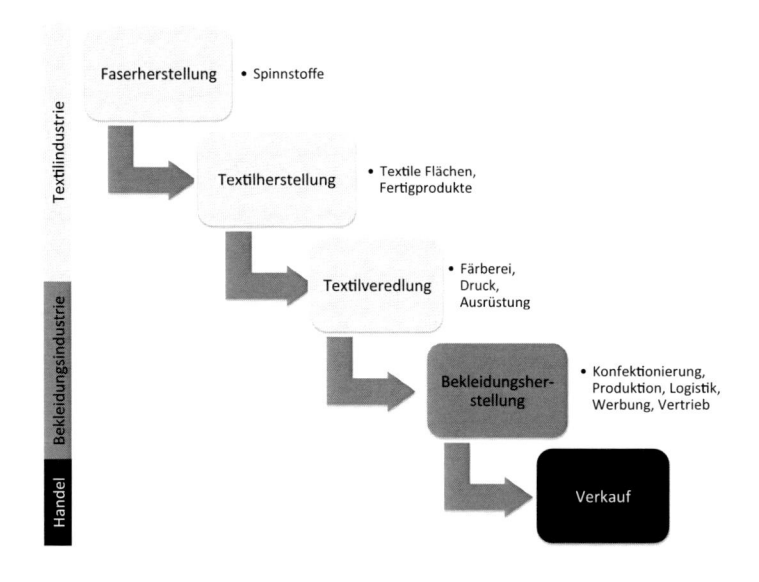

Abbildung 1: traditionelle textile Wertschöpfungskette
In Anlehnung an: Kerner, J (2010), S. 21 ; Paul, D. (2008), S. 7 f.

2.2 Begriff der Vertikalisierung

Die Vertikalisierung von Unternehmen beschreibt die Änderung der traditionellen textilen Wertschöpfungskette zwischen Warenproduktion und Warendistribution durch die "Ausdehnung der Aktivitäten eines Unternehmens auf vor- und / oder nachgelagerte Stufen des Wertschöpfungsprozess."[44] Die traditionelle Arbeitsteilung der Textilindustrie,[45] zwischen den Produzenten der Textilien, der Entwicklung der Waren durch die Markenhersteller, bis zur Distribution über Groß- und Einzelhändler wird durch die Vertikalisierung aufgelöst (siehe Abbildung 2). Vertikale Unternehmen nehmen, je nach Integrationsgrad der Vertikalisierung, direkten Einfluss auf alle Stufen der textilen Wertschöpfungskette. Von der Entwicklung der Produkte bis zur Sortimentszusammenstellung und Distribution.[46] "Vertikale Integration ist die Kombination von techno-

---

[44] Schuckel, M. (2002), S. 202
[45] siehe Kapitel 2.1
[46] Vgl. Hermes, O. (2004), S. 295

logisch eigenständigen (…) Prozessen innerhalb eines Unternehmens."[47] Vertikale Unternehmen verfolgen somit ihre ökonomischen Ziele in der neuen Wertschöpfungskette durch interne Prozesse statt durch Markttransaktionen. Die Vertikalisierung von Unternehmen beschreibt ein "proaktives Management der Wertschöpfungskette, um schneller mit der richtigen Ware am richtigen Ort zu sein (Time-to- Market), flexibler auf Kundenwünsche eingehen zu können und über die gesamte Wertschöpfungskette inklusive der Lieferanten signifikante Kostenvorteile zu generieren."[48] Vertikalisierung führt zu einer Effizienzverbesserung des bisherigen Distributions- und Produktionssystem der traditionellen textilen Wertschöpfungskette und steht im Gegensatz zu Produktivitätsvorteilen durch arbeitsteilige Spezialisierungsgewinne, die Markenhersteller und Handelsunternehmen bisher trennen. Seit 1980 ist das Konzept der Vertikalisierung in Deutschland als Erfolgskomponente am Markt identifiziert.

Traditionell sind die Einflussmöglichkeiten der Unternehmen auf die vor- und nachgelagerten Produktionsstufen, trotz der großen Erfolgsabhängigkeit von diesen Wertschöpfungsstufen, eher gering.[49]

---

[47] Vgl. Porter, M. (2008), S. 373 ff.
[48] Vgl. Kunkel, M. (2004), S. 367
[49] Vgl Schuckel, M. (2002), S.202

Wertschöpfungsprozess der Bekleidungsbranche

```
                    ┌─────────────────────────────────────┐
                    │         Rohstoffproduktion          │
                    └─────────────────────────────────────┘
                                      ↓
                    ┌─────────────────────────────────────┐
                    │  Produzenten (Fertigteile Produktion)│
                    └─────────────────────────────────────┘
                                      ↓
                    ┌─────────────────────────────────────┐
                    │   Markenhersteller (Verkauf an Handel)│
                    └─────────────────────────────────────┘
                                      ↓
                    ┌─────────────────────────────────────┐
                    │     Handelsunternehmen (Handel)     │
                    └─────────────────────────────────────┘
                                      ↓
                                  Konsument
```

(Integrierte Wertschöpfungsstufen durch das vertikale Unternehmen)

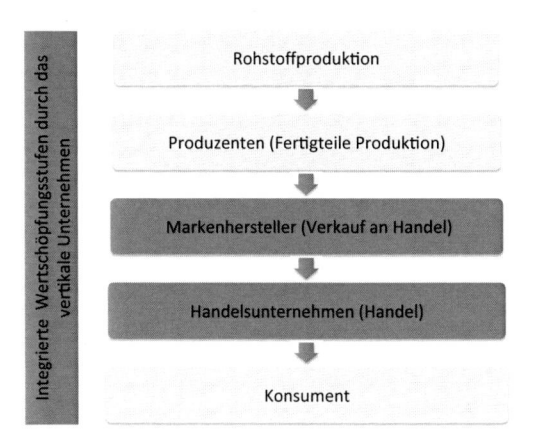

Abbildung 2: neue vertikale Wertschöpfungskette
In Anlehnung an: Kerner, J. (2010), S. 27

Die Ausdehnung der Unternehmensaktivitäten auf vor- bzw. nachgelagerte Stufen der Wertschöpfungsketten, also Auflösung der klassischen Arbeitsteilung und Aufgabenverteilung durch die Schaffung von stufenübergreifenden Prozessketten und den Einsatz von effizienten Modellen,[50] soll dieser Problematik entgegenstehen.[51] Produkterstellung, Sortimentsentwicklung und Distribution wird abhängig vom Integrationsgrad durch das vertikale Unternehmen übernommen, sodass der Zwischenhandel von Produzenten, Markenherstellern und Handel entfällt. Der Aufbau komplexer Unternehmensstrategien ermöglicht die Steuerung der kompletten Wertschöpfungskette.[52] Wettbewerbsvorteile ergeben sich durch den Einfluss auf die gesamte Wertschöpfungskette, der Generierung von Kostenvorteilen und dem beschleunigten Kollektionsrhythmus aufgrund von geringeren Durchlaufzeiten im vertikalen Wertschöpfungsprozess, in

---

[50] Vgl. Müller, J. (2006), S. 24
[51] Vgl. Merkle, W. (2004), S.432; Vgl. Wrona, T. (1999), S. 73
[52] Vgl. Merkle, W. (2004), S. 432f.

Relation zur traditionellen Wertschöpfungskette. Eine schnellere Trendumsetzung und die Reduzierung von Fehleinschätzungen des Marktes, werden mittels der internen Steuerung von Einkauf, Produktion und Distribution möglich und bringen einen zusätzlichen Wettbewerbsvorteil gegenüber nicht vertikal aufgestellten Unternehmen. Kundenwünsche, die am PoS aufgenommen werden, können unmittelbar in der Produktentwicklung und Sortimentserstellung umgesetzt werden. Kosteneinsparungspotenziale ergeben sich aufgrund des Wegfalls von Handelsmargen, durch die Ausschaltung der Wertschöpfungsstufen des Großhandels und der Markenhersteller, und der Optimierung der Wertschöpfungskette. Die Basis des Erfolgs einer Vertikalisierung ist die konsequente Ausrichtung des Sortiments auf die Zielgruppe des Unternehmens.

Das vertikale Prozessmodell bietet verschiedene Möglichkeiten des Insourcing vor- oder nachgelagerter Wertschöpfungsstufen für Unternehmen. Der optimale Integrationsgrad wird durch einen Kosten/Nutzen-Vergleich ermittelt.[53] Die Grundsatzentscheidung über eine „Make or Buy-Strategie",[54] bildet die Basis für Entscheidung über die Art der Vertikalisierung des Unternehmens.

Die integrative Vertikalisierung beschreibt die Übernahme der kompletten Wertschöpfungskette durch das vertikal aufgestellte Unternehmen.[55] Die einzelnen Prozessstufen der gesamten Wertschöpfungskette werden intern koordiniert. Das integrative vertikale Unternehmen hat die Wertschöpfungskette operativ oder sogar als rechtliche Einheit im Besitz.[56]

Die kooperative Vertikalisierung ist auf wenige integrierte Prozessstufen begrenzt, auf denen das vertikale Unternehmen eng mit Partnern aus vor- oder nachgelagerten Wertschöpfungsstufen zusammen arbeitet.[57] Die kooperative Vertikalisierung beschreibt eine „auf Verträgen beruhende betriebliche Zusammenarbeit"[58] zur Erreichung bestimmter Unternehmensziele, durch Funktionskoordination des Verhaltens der Partnerunternehmen im Wettbewerb. Unternehmen unterschiedlicher Wertschöpfungsstufen kooperieren miteinander, da nicht jeder Marktteilnehmer eine eigene Produktion bzw. Distribution realisieren kann. Die kooperative Vertikalisierung beschreibt die Zusammenarbeit

---

[53] Vgl. Kunkel, M. (2008), S. 368 ff.
[54] „Bedarf an Gütern oder Dienstleistungen wird intern erzeugt (Make) oder am Markt gedeckt (Buy)"
Vgl. Kummer, S.; Grün, O.; Jammernegg, W. (2009) S. 118
[55] Vgl Zentes, J.; Schramm-Klein, H.; Neidhart. M. (2005), S. 135
[56] Vgl. Wrona, T. (1999), S. 368 ff.
[57] Vgl. Kunkel, M. (2008), S. 369
[58] Diederich, Dr. H. (1981), S. 97

zwischen rechtlich und wirtschaftlich selbstständigen Unternehmen, die freiwillig und meist auf Dauer zwischen Industrie und Handel angelegt ist. Die Prozesse zwischen den vertikal kooperierenden Unternehmen werden zeitlich und inhaltlich eng miteinander verknüpft und mithilfe eines kollaborativen Managements sollen Wettbewerbspotenziale realisiert werden. Die vertikale Kooperation ist aufgrund der Relevanz der Unternehmensgröße für KMU des Bekleidungseinzelhandels meist die geeignetste Variante. Vertikale Kooperationen werden beim Aufbau einer Handelsmarke zwischen Produzent und Handel getroffen. Jedoch ist auch eine vertikale Kooperation zwischen Markenhersteller und Handel in der Form eines Private-Label-Geschäfts möglich. Schnittstellen, durch Partnerschaften zu Produzenten oder Markenherstellern, sollen für den Bekleidungseinzelhandel eine kooperative Planung der Steuerung von Sortiments- und Warenflüssen entstehen lassen. Ein gesteigerter Informationsfluss, infolge der Nutzung eines gemeinsamen Informationssystems und die gemeinsame Gestaltung des Sortiments, orientiert an den Bedürfnissen der Kunden am PoS, soll aufgrund schnellerer Reaktions- und Anpassungsmöglichkeiten, dem Wegfall des Orderprozesses und dem Aufbau eines geeigneten Distributionssystems, Wettbewerbsvorteile generieren. Die Risiken der Vertikalisierung für ein KMU werden mit dem Modell der kooperativen Vertikalisierung verringert und bewirkt den Schritt zum Markenhersteller für Bekleidungseinzelhändler.[59]

Die betriebswirtschaftliche Überlegenheit vertikaler Geschäftsmodelle und die Annahme des Systems durch die Endverbraucher lassen die Anzahl der vertikalen Unternehmen ansteigen. Eine schnelle und direkte Reaktion auf Marktveränderungen durch eine angepasste und zielkundengerechte Sortimentsstrategie wird möglich.[60] Wettbewerbsvorteile ergeben sich zudem durch Ausweitung des Blick- und Aufgabenfeldes beider Partner auf die vor- bzw. nachgelagerte Wertschöpfungsstufe und werden mittels einer internen bedarfsorientierten Steuerung generiert.

---

[59] Vgl. Janz, M.; Swoboda, B. (2004) S. 30
[60] Vgl. Merkle W. (2004), S. 432

2.2.1 Front-End-Driven

Die Front-End-Driven-Strategie beschreibt eine Rückwärtsvertikalisierung, aus Händlerperspektive in Richtung Markenhersteller, zur Sicherstellung strategisch adäquater Inputs. Das vertikale Unternehmen wird vom klassischen Händlergedanken geprägt. Die Philosophie und die Erfahrung des Handelsunternehmen am Markt wird in die Vertikalisierung miteinbezogen und vorgelagerte Prozesse der klassischen Wertschöpfungskette werden ausgehend vom PoS in die eigene, neu gestaltete Wertschöpfungskette integriert.[61] Den Ausgangspunkt der Vertikalisierung bildet ein Modehaus mit ausschließlich Handelserfahrung. Werbung, Verkauf und Sortimentsgestaltung stellen die Kernkompetenzen dar. Darauf aufbauend, werden vorgelagerte Prozesse der klassischen Wertschöpfungskette in das Handelsunternehmen integriert (siehe Abbildung 3). Dies hat die Folge, dass infolge einer kooperativen Vertikalisierung die Wertschöpfungsstufe der Markenhersteller für den Bekleidungseinzelhandel umgangen werden kann. Die Zusammenarbeit mit den Produzenten stellt die neue Vorstufe des Handelsunternehmens im textilen Wertschöpfungssystem dar und bietet bessere Möglichkeiten der Differenzierung angesichts der Einflussmöglichkeiten auf die Produktgestaltung und die Kontrolle der Produktion.[62] Die Unternehmensphilosophie wird, wie die gesammelten Erfahrungen am Markt, auf der Basis der gewonnen Informationen aus dem Vertrieb, durch Kundenkontakt am PoS, bis hin zur Kollektionsentwicklung und Konfektion, mit in das neu gestaltete Wertschöpfungssystem eingebracht.[63] Den Abschluss bildet das Angebot der Waren über mehrere Distributionskanäle, sowohl in eigenen Retail-Stores, als auch im Wholesale über Absatzmittler.

Das Handelsunternehmen H&M ist ein klassisches Beispiel für eine „Front-End-Driven"-Vertikalisierung im Bekleidungseinzelhandel. H&M setzt durch die Vertikalisierung eine schnelle Trenderkennung, sowie Markt- und Kundennähe, um. Die Philosophie „Mode und Qualität zum besten Preis" wird mithilfe eines vertikalen Geschäftsmodells umgesetzt und zeichnet sich durch hohe Einkaufsvolumen, eine effektive Distribution in ausschließlich eigenen Stores, Kostenbewusstsein, eine genaue Analyse der Absatzzahlen und langjährige Erfahrung am Markt aus.[64] Trends können über die

---

[61] Vgl. Merkle W. (2004) S. 432
[62] Vgl. Porter, M. (2008), S. 393
[63] Vgl. Merkle W. (2004), S.432 f. ; Vgl. Schuckel, M. (2002) S.203
[64] Vgl. H&M (2012b)

interne Wertschöpfungskette aufgenommen und realisiert werden.[65] Neben einer regulären Kollektionserstellung können zusätzlich kurzfristige Trends schnell angeboten werden. Die Produktion dauert ohne Zwischenhandel, aufgrund des vertikalen Systems, meist nur wenige Wochen. Dies bringt dem Unternehmen eine große Zeit- und Kostenersparnis und wird mittels geblockter Produktionskapazitäten in Billiglohnländern möglich. Hohe Absatzmengen und eine enge Zusammenarbeit mit eigenständigen Lieferanten bilden die Grundlage des Erfolgs. Auf der Basis der Wettbewerbsvorteile einer Vertikalisierung, hat sich H&M zu einer starken Retail-Brand[66] entwickelt. Verschiedene Labels für unterschiedliche Zielgruppen werden ausschließlich in eigenen Stores angeboten, die immer in bester Lage eröffnet werden.[67]

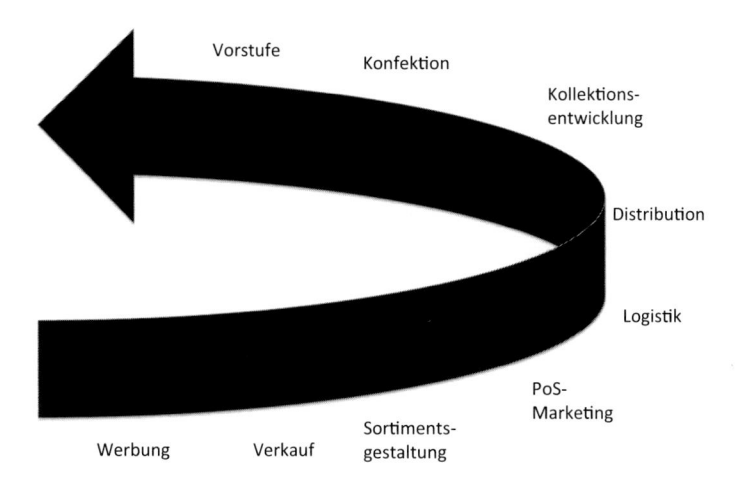

Abbildung 3: Vertikalisierung in Richtung Markenhersteller
Eigene Darstellung

---

[65] Vgl. Zentes, J.; Neidhardt, M.; Schramm-Klein, H. (2005), S. 135
[66] „Handelsunternehmen, das sich als Marke etabliert hat." Liebmann H.-P., Zentes, J. (2001), S. 87 f.
[67] Vgl. H&M (2012a)

2.2.2 Back-End-Driven

Die Back-End-Driven-Strategie beschreibt eine Vorwärtsvertikalisierung zur Ausdehnung des hinzugefügten Mehrwerts, bei der Markenhersteller zu Händlern werden. Die der Produktion nachgelagerten Stufen der Wertschöpfungskette werden in Richtung PoS integriert.[68] Handel und Marketing stellen die integrierten Wertschöpfungsstufen der Back-End-Driven Strategie dar (siehe Abbildung 4). Eine Back-End-Driven-Strategie ist meist die Reaktion auf Marktanteilsverluste traditioneller Vertriebswege (Ausdünnung der Distributionspunkte). Die Vorwärtsvertikalisierung integriert aus Sicht des Markenherstellers den Verkauf, die Werbung und die Kontrolle der Warenpräsentation im Handel und ermöglicht eine starke Profilierung der Markenhersteller durch eine imagegetreue Präsentationsstrategie. Die Vorwärtsintegration verbessert die Fähigkeit der Markenhersteller, ihre Produkte zu differenzieren, durch einen besseren Zugang zu Vertriebskanälen und Marktinformationen.[69] Die Vertikalisierung von Markenherstellern durch eine Back-End-Strategie erfolgt meist durch den Aufbau eigener Stores (Secured Distribution), Concessions oder Shop-in-Shop-Systemen (Controlled Distribution).[70] Bessere Marktinformationen und eine verstärkte Einflussnahmen auf die Aktivitäten am PoS, durch den direkten Zugang zu Vertriebskanälen, können zu einer effizienteren Arbeitsweise genutzt werden.[71] Die angebotenen Waren und Zusatzleistungen können klarer definiert und ein abgerundetes Sortiment angeboten werden. Eine Differenzierung kann ebenfalls anhand der Verbesserung der Serviceleistung erfolgen. Auch eine bessere Kontrolle der Differenzierungsmerkmale, wie z.B. die Aktivitäten auf der Verkaufsfläche, kann die Generierung von Wettbewerbsvorteilen unterstützen.

Eine Back-End-Driven-Vertikalisierung ergibt eine Steigerung der Marktmacht der Markenhersteller und eine Verringerung der Abhängigkeiten vom Handel. Eine bessere Durchsetzbarkeit höherer Preise am PoS[72] und Cross-Selling-Effekte[73] ergeben sich durch das Angebot möglicher Zusatzleistungen. Zusätzlich wird Knowhow im Einzelhandel aufgebaut. Auf die zielkundengerechte Kollektionsentwicklung, durch direkte Marktforschungen am PoS, folgt die Markenführung. PoS-Marketing durch den Mar-

---

[68] Vgl. Merkle, W. (2004), S.432
[69] Vgl. Porter, M. (2008), S. 390
[70] Vgl. Zentes, J.; Neidhardt M.; Scheer, L. (2006), S. 23 ff.
[71] Vgl. Zentes, J. (2006), S. 9
[72] Vgl. Porter, M. (2008), S. 392
[73] „Unternehmensaktivitäten, die einem Kunden, der nur einen Teil des Unternehmensangebots in Anspruch nimmt, auch die anderen Leistungen des Unternehmens offerieren." Woll, A. (2008), S. 122

kenhersteller und ein imagetreuer Aufbau des Sortiments, fördern die Identifikation mit der Marke und den Produkten bei den Konsumenten. Marketing kann bspw. durch Spots, Flyer oder Plakate erfolgen. Die stärkere Kontrolle der Präsentation im Handel hat meist eine stärkere Profilierung der Marke als Effekt. Die Marke erhält zudem ein stärkeres Image, wenn sich die Aussage der Marke in Bezug auf z.B. Preis und Qualität widerspielgelt. Die Konsumenten sollen, zur Stärkung der Kundenbindung, ein Gefühl für die Marke bekommen. Die integrierten Wertschöpfungsstufen der Distribution und Logistik stellen weitere kritischen Erfolgsfaktoren dar, die durch die Markenhersteller übernommen werden. Waren müssen Termingerecht geliefert und die Flächenbewirtschaftung in die Logistik mit einbezogen werden. Wettbewerbsvorteile ergeben sich bei der Back-End-Driven-Strategie durch die schneller Produkteinführung und bessere Informationsgewinnung durch die absatzmarktorientierte Vertikalisierung.[74] Das Konzept wird bereits erfolgreich von Unternehmen, wie z.B. Gerry Weber, umgesetzt.

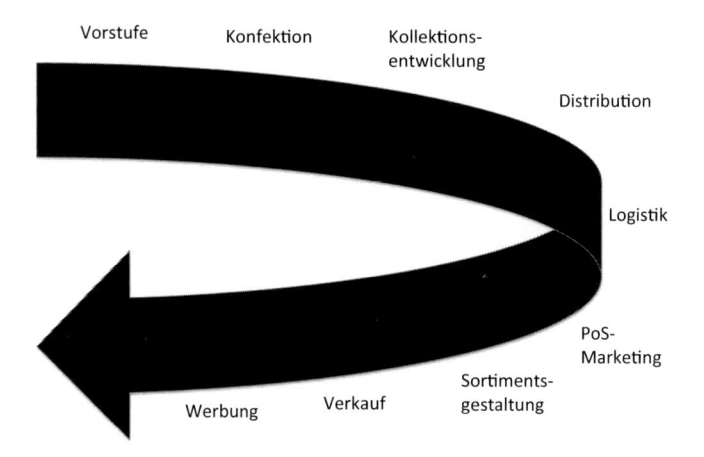

Abbildung 4: Vertikalisierung in Richtung PoS
Eigene Darstellung

---

[74] Vgl. Zentes,J.; Neidhardt, M.; Scheer, L. (2006), S.12 ff.

2.3 Ziele der Vertikalisierung

Das wichtigste Ziel der Vertikalisierung ist für Unternehmen, die Generierung von Wettbewerbsvorteilen gegenüber der Konkurrenz am Markt und die damit verbundene Sicherung des langfristigen Unternehmenserfolgs. Eine Vertikalisierung wird nur dann erfolgreich realisiert, wenn die Möglichkeiten der Zielerreichung des Unternehmens verbessert werden.[75] Die Vertikalisierung wird dabei von den Faktoren: strategische Ziele, Kostenreduzierung, Verbesserung der Wettbewerbsposition und Unsicherheitsreduzierung beeinflusst (siehe Abbildung 5).[76] Dabei müssen sowohl die Vorteile, als auch die Nachteile aller Perspektiven berücksichtigt werden, um die Position des Unternehmens am Markt nachhaltig zu verbessern.

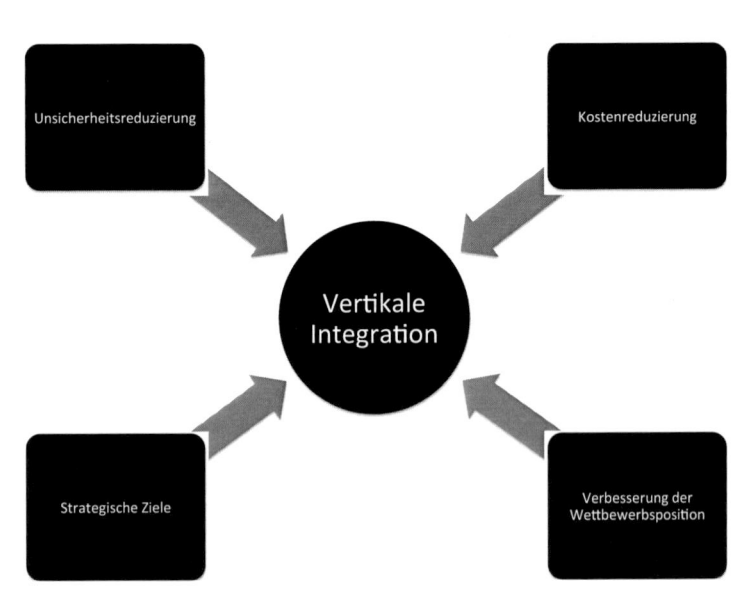

Abbildung 5: Motive der Vertikalisierung
In Anlehnung an: Wrona, T. (1999), S. 9

---

[75] Vgl. Schuckel, M. (2002), S. 205
[76] Vgl. Wrona, T. (1999), S. 9 ff.

2.3.1 Strategische Ziele

Die strategischen Kernmotive die Unternehmen zur Vertikalisierung bewegen sind die langfristige Sicherung des Absatzkanals, die Steigerung der Marktmacht und die Schaffung von Effizienz- und Effektivitätspotenzialen zur Verbesserung der Handelsleistung.[77] Vertikalisierung dient als langfristige Wettbewerbsstrategie[78] zur Festigung der Marktposition des Handelsunternehmens, aufgrund der Verbesserung der Möglichkeit eigene Marketing- und Distributionsstrategien am Markt durchsetzen zu können.[79] Die Vertikalisierung hat eine Verbesserung der Situation des Unternehmens zur Beeinflussung, Steuerung und Kontrolle der Wettbewerbskräfte,[80] durch Differenzierung, Erhebung von Marktbarrieren und Erschließung neuer Technologien zur Folge. Eine gefestigte Position in Auseinandersetzung mit den Wettbewerbskräften des Unternehmens bildet die Basis, um überdurchschnittliche Erträge zu erreichen.

Die Differenzierung des Produktangebots schafft Eintrittsbarrieren, eine höhere Marktmacht und eine geringere Substituierbarkeit des Unternehmens bei den Konsumenten. Eine besonders effektive Differenzierung kann mittels der Konzentration auf spezielle Schwerpunkte (Segmentstrategie), eine Marktnische, eine bestimmte Abnehmergruppe, einen bestimmten Teil des Produktprogramms oder einen geographisch abgegrenzten Markt erreicht werden.[81] Ziel des vertikalisierenden Unternehmens ist es, größtmöglichen Einfluss auf die Gestaltung der Wertschöpfungskette zu nehmen, um eine differenzierte Produktgestaltung, aber auch eine Optimierung der Beschaffung und die Steigerung des Warenrohertrags zu erreichen.[82] Ein verbesserter Eingang auf Kundenwünsche (Trends) und deren Umsetzung soll durch einen gesteigerten Informationsfluss und größere Einflussmöglichkeiten über integrierte Prozessstufen erreicht werden. Die schnellere Trendumsetzung und Reaktionsmöglichkeit auf Marktveränderungen und ein geringeres Risiko von Fehleinschätzungen bilden, neben dem differenzierten Produktangebot, den wichtigsten Wettbewerbsvorteil. Gewonnene Informationen des Unternehmens am PoS können direkten Einfluss in die Entwicklung nehmen und über alle integrierten Prozessstufen genutzt werden.

---

[77] Vgl. Zentes, J.; Neidhard, M.; Scheer, L. (2006) S. 13;
[78] Vgl. Porter, M. (2008), S. 35ff.
[79] Vgl. Zentes, J.; Neidhard, M.; Scheer, L. (2006) S.15
[80] Vgl. Gröppel-Klein, A. (1998), S.23-39
[81] Vgl. Porter, M.(2008), S. 76 f.
[82] Vgl. Jochem Möller (2012) Interview, S. 73

Die traditionell sehr langsame Durchlaufzeit der Bekleidungsindustrie, von der Entwicklung bis zur Distribution, soll mittels der Optimierung der systembedingten Langsamkeit verbessert werden. Die eingesparte Zeit verschafft erhebliche Wettbewerbsvorteile gegenüber nicht vertikalen Unternehmen, aufgrund der Erhöhung der Flexibilität und Reaktionsgeschwindigkeit.[83] Zusätzlich wird die Synergienutzung der integrierten Wertschöpfungsstufen durch die vertikale Unternehmensstruktur möglich und verschafft dem vertikalen Unternehmen Zugang zu neuen Märkten. Die Versorgungs- und Absatzsicherung wird zudem durch interne Mengenanpassungen zwischen integrierten Wettbewerbsstufen ermöglicht und der Wegfall der Marge der integrierten Wertschöpfungsstufen verbessert die Preisbildungsmöglichkeiten des vertikalen Unternehmens am PoS. Das Ziel des Angebots von Waren im Sortiment, mit einer vergleichbaren Qualität wie Markenware jedoch zu einem geringeren Preis dient dem Aufbau von Kundenbeziehung, der Steigerung des Bekanntheitsgrades des Unternehmens und dem Aufbau einer effizienteren Supply-Chain. Ein geringeres Geschäftsrisiko wird durch den Eintritt in ein relativ stabiles Geschäftsfeld erreicht.[84] Es entstehen jedoch auch strategische Nachteile für das vertikalisierende Unternehmen infolge der Beschränkung des Geschäftsfeldes und der Betriebsverfahren. Eine geringere Flexibilität in der Wahl des Geschäftsfeldes macht einen schnellen strategischen Wandel nicht mehr möglich.

Eine niedrige Kostenstruktur und Differenzierungsmöglichkeiten infolge der Vertikalisierung bieten dem vertikalen Unternehmen Potenziale zur Erhebung von Markteintrittsbarrieren für potenzielle Konkurrenten.[85] Die Besetzung einer strategischen Nische durch das Angebot eigener Waren, in Abweichung vom bisherigen Marktangebot, verschafft dem vertikalen Unternehmen zusätzliche Wettbewerbsvorteile. Das vertikalisierende Unternehmen ist stärker gegen Wettbewerber abgeschirmt, bindet Kunden und verringert Preissensibilität der Konsumenten. Potenzielle neue Anbieter, die in den selben Markt eintreten und Erfolg haben wollen, müssen ebenfalls vertikal sein, um mit dem Produktangebot und den Kosten mithalten zu können oder Nachteile in Kauf nehmen. Der Aufbau eines vertikalen Unternehmens mit eigener Wertschöpfungskette nimmt Zeit, Kosten und interne Ressourcen in Anspruch und stellt somit eine Marktein-

---

[83] Vgl. Pietersen, F. (2008), S. 46
[84] Vgl. Porter, M. (2008), S. 382
[85] Vgl. Buzzel, D.; Gale, B. T.; Greif, H.-H. (1989), S.139 f.

trittsbarriere dar.[86] Verstärkt wird diese durch sunk costs.[87] Marktaustrittsbarrieren enstehen für das vertikale Unternehmen durch das gebundene Kapital in den integrierten Prozessstufen des Unternehmens.[88]

Zusätzlich wird aufgrund der Vertikalisierung technologisches und fachliches Wissen aufgebaut.[89] Die Erschließung angewandter Technologien und die Nutzung von Synergiepotenzialen durch den Anschluss an Technologien anderer Wertschöpfungsstufen ergeben zusätzliche Wettbewerbsvorteile. Einheitliche Technologien können über alle integrierten Stufen des Unternehmens angewandt werden. Es findet ein interner Knowhow-Transfer statt. Das Basiswissen der Technologie der Branche bildet zudem die Grundlage zur Differenzierung und hat die Unabhängigkeit von Entwicklungen anderer Unternehmen zur Folge. Der Schutz von Ressourcen, durch den internen Verbleib von Informationen, ist ein weiterer Wettbewerbsvorteil. Es ergibt sich jedoch auch das Risiko des veralteten Wissens, da kein Knowhow-Transfer mit anderen Marktteilnehmern mehr stattfindet und technisches Wissen von Lieferanten nicht nutzbar ist.[90]

2.3.2 Kosteneinsparungen

Die Vertikalisierung von Unternehmen ist gleichbedeutend mit der Veränderung der Kostenstruktur. Sowohl Kostensteigerung als auch Kostenreduzierung sind aufgrund der Komplexität der Einflussfaktoren situationsabhängig möglich. Die zentralen Kostenfaktoren des vertikalisierenden Unternehmens sind Kapitalkosten, Transaktionskosten und Produktionskosten.[91] Kosteneinsparungspotenziale sind von Beginn der Vertikalisierung vorhanden, müssen jedoch aufgedeckt und genutzt werden.[92] Die einzelnen Kostenfaktoren sind von unterschiedlicher Wichtigkeit für Unternehmen, da diese durch die Strategie beeinflusst werden und Stärken und Schwächen abhängig sind.[93]

---

[86] Vgl. Wrona T. (1999), S. 16 f.
[87] „spezifisch temporäre Kosten, eines dauerhaften Kapitalgutes, für das keine alternative Verwendung besteht" Woll, A. (2008), S. 757
[88] Vgl. Wrona, T. (1999), S. 17
[89] Vgl. Wrona, T. (1999), S. 14 ff.
[90] Vgl. Wrona, T. (1999), S. 17 ff.
[91] Vgl. Wrona, T. (1999), S.10 ff.; Vgl. Schuckel, M. (2002) S.205
[92] Vgl. Wrona, T. (1999), S.10 ff.
[93] Vgl. Porter, M. (2008), S. 378

Die Produktionskosten[94] eines Unternehmens werden durch verschiedene Faktoren beeinflusst, die aufgrund der Vertikalisierung verändert werden. Synergien der integrierten Wertschöpfungsstufen können zur Kosteneinsparungen in der Produktion genutzt werden. Das vertikalisierende Unternehmen strebt effizientere Input/Output-Verhältnisse, durch einen effizienten Ressourceneinsatz und die Variation der Arbeitsteilung, an. Economies of Scale[95] können über alle integrierten Prozessstufen der Wertschöpfungskette erreicht werden. Bei KMU des Bekleidungseinzelhandels wirken sich diese jedoch oft eher negativ aus, da zu geringe Stückzahlen produziert werden. Economies of Scope[96] werden aufgrund der gemeinsame Nutzung des Unternehmens-Knowhows der integrierten Wertschöpfungsstufen, für z.B. eine gemeinsame Forschung und Entwicklung, erreicht.[97] Transport- und Lagerhaltungskosten können durch eine intern abgestimmte, räumlich zusammengelegte und gut organisierte Supply-Chain[98] eingespart werden. Lerneffekte in der Produktion ergeben im Laufe der Zeit weitere Einsparpotenziale. Geringere Kosten entstehen zusätzlich durch den Wegfall von Gewinnmargen pro integrierter Wertschöpfungsstufe aufgrund der Umgehung von unvollkommenen Märkten. Negative Auswirkungen auf die Kostenstruktur können Kostensteigerungen bei Unternehmen ergeben, die eine optimale Unternehmensgröße für eine Vertikalisierung in der Produktion nicht erreicht haben[99] und so zunächst nur schwer Größendegressionseffekte erzielen können.[100] Fixe und variable Kosten müssen über alle Wertschöpfungsstufen des vertikalen Unternehmens getragen werden, da keine Verlagerung der Produktionskosten auf andere Marktteilnehmer möglich ist. Die Belastung aller integrierten Prozessstufen und ein erhöhtes Geschäftsrisiko ist die Folge.[101] Die Transaktionskosten[102] des vertikalen Unternehmens können mithilfe einer internen Koordination, aufgrund von stabilen Geschäftsbeziehungen verbessert werden und

---

[94] „Die im Unternehmensbereich Produktion bzw. Fertigung anfallenden Kosten" Gabler Wirtschaftslexikon (2012a)
[95] Skaleneffekte, Größendegressionseffekte. „...mit steigendem Produktoutput, sinken die durchschnittlichen Kosten einer Produktionseinheit" Vgl. Stumpf, U. (1986), S. 13
[96] „Verbundvorteile, Outputniveaus zweier Produkte in einer Unternehmung zu niedrigeren Gesamtkosten produziert, als in zwei verschiedenen Unternehmungen" Vgl. Stumpf, U. (1986), S. 13
[97] Vgl. Gröppel-Klein, A. (1998), S. 24
[98] „Supply Chain Management ist die integrierte prozessorientierte Planung und Steuerung der Waren-, Informations- und Geldflüsse entlang der gesamten Wertschöpfungskette..." Kuhn, A.; Hellingrath, H. (2002), S. 10
[99] Vgl. Porter, M. (2008), S. 375 f.
[100] Vgl. Wrona, T. (1999), S. 10 ff.
[101] Vgl. Porter, M. (1999) S. 390 f.
[102] „Kosten der Anbahnung, Vereinbarung, Abwicklung, sowie der Kontrolle und Anpassung bei der Inanspruchnahme des Marktes." Vgl. Klaus, S. (2009), S. 154

Wettbewerbsvorteile generieren. Interne Informationsbeschaffung, geringere Opportunitätskosten durch Zielharmonisierung der integrierten Wertschöpfungsstufen und geringere Kontrollkosten können die Transaktionskosten von vertikalen Unternehmen senken.[103] Fehlende Schutzmaßnahmen bei Verträgen, wie z.B. Warenkreditversicherung, stellen zusätzliche Einsparungspotenziale dar. Ebenso wie die durch die direkte Marktumgehung eingesparten Marketingkosten.[104] Die Transaktionskosten können zudem aufgrund des Wegfalls des Orderprozesses und des Distributionsmanagements bei den Vertriebsaktivitäten gesenkt werden. Ein verbesserter Informationsfluss infolge gemeinsamer interner Informationssysteme lassen die Transaktionskosten vertikaler Unternehmen weiter sinken. Zusätzlich bestehen direkte und bessere Kontroll- und Sanktionsmöglichkeiten der integrierten Wertschöpfungsstufen.[105] Standards, Normen und Incoterms lassen die Transaktionskosten jedoch generell sinken, sodass aus Transaktionskostenvorteilen selten ein Wettbewerbsvorteil entsteht.[106] Transaktionskosten sind im Zusammenhang mit der Vertikalisierung von Unternehmen eher unwichtig und können auch aufgrund des Unternehmenswachstums, durch die Integration vor- und nachgelagerter Wertschöpfungsketten, sogar ansteigen.

Kapitalkosten[107] beschreiben die generellen Kosten einer Vertikalisierung. Das Kapital wird durch die Erweiterung der Wertschöpfungskette gebunden und steht dem Kerngeschäft des Unternehmens nicht mehr zur Verfügung. Das Unternehmen muss für das gebundene Kapital eine Verzinsung erwirtschaften, die höher als Opportunitätskosten liegt.[108] Die Vertikalisierung in risikoarme Bereiche kann bei Unternehmen aus relativ risikoreichen Bereichen eine sinnvolle Strategie darstellen, da das Risiko trotz hoher Kapitalbelastung und gleichzeitig der festgesetzte Fremdkapitalzins gesenkt werden kann. Durch eine Risikoreduktion sinken die Kapitalkosten[109] und die EK-Quote wird verbessert (Leverage-Effekt). Einen zusätzlichen Wettbewerbsvorteil ergibt die Elimi-

---

[103] Vgl. Buzzel, D.; Gale, B. T.; Greif, H.-H. (1989), S, 140.
[104] Vgl. Porter, M. (2008), S. 378
[105] Vgl. Porter, M. (2008), S. 377
[106] Vgl. Wrona, T. (1999), S.10 ff.
[107] „vom Kapitalgeber erwartete Verzinsung, die vom kapitaleinsetzenden Unternehmen erwirtschaftet werden muss" Woll, A. (2008), S. 413
[108] Vgl. Porter, M. (2008), S. 382
[109] Vgl. Wrona, T. (1999), S. 14 ff.

nierung der Herstellermargen[110] der integrierten Wertschöpfungsstufen und eine kosteneffiziente Wertschöpfungskette.

2.3.3 Unsicherheitsreduzierung

Vertikalisierung beeinflusst die Unsicherheitsfaktoren eines Unternehmens meist positiv. Vertikale Unternehmen haben ein geringeres Risiko, angesichts des Schutzes gegen Marktausschluss, indem der Zugang zu Vertriebskanälen bzw. Lieferanten gesichert wird. Angebots- und Nachfrageunsicherheiten treten bei vertikalen Unternehmen seltener auf, da ein Großteil der Wertschöpfungskette integriert ist. Dies ermöglicht eine bessere interne Anpassung der Bedürfnisbefriedigung der einzelnen Wertschöpfungsstufen.[111] Jedoch unterliegen vertikale Unternehmen genauso Wirtschaftsschwankungen wie nicht vertikale Unternehmen. Die Auswirkungen können nur abgeschwächt und intern reguliert werden. Bei vertikaler Kooperation werden meist langfristige Verträge mit Lieferanten geschlossen, um Nachfrageunsicherheit und Transaktionskosten zu minimieren.[112]

Bewertungsunsicherheiten von Unternehmen werden zudem umgangen bzw. verringert, da externe Unternehmen oft anders und schwerer zu beurteilen sind als interne Leistungen. Vertikalisierung reduziert zudem technologische Unsicherheiten, aufgrund gemeinsam genutzter IT-Systeme der integrierten Wertschöpfungsstufen. Die fehlende Möglichkeit des Lieferantenwechsels bedeuten jedoch gleichzeitig, dass vertikale Unternehmen selbst in neue Technologien investieren müssen.

2.3.4 Verbesserung der Wettbewerbsposition

Die Vertikalisierung von Unternehmen hat eine Veränderung der Machtbeziehungen im Distributionssystem der Bekleidungsbranche zur Folge. Macht kennzeichnet die Fähigkeit, soziale Prozesse im Sinne der eigenen Zielsetzung zu beeinflussen. Sanktionsmöglichkeiten bilden die Grundlagen vertikaler Marktbeziehungen. Vertikalisierung bringt eine Verbesserung der Wettbewerbsposition durch eine gesteigerte Marktmacht mit sich und ermöglicht es dem vertikalen Unternehmen die Stakeholder in eine bestimmte

---

[110] „Differenz zwischen Kursen, An- und Verkaufspreisen, Soll- und Habenzinsfüßen, vorgegebenen Ober- und Untergrenzen" Gabler Wirtschaftslexikon (2012b)
[111] Vgl. Porter, M. (2008), S. 379
[112] Vgl. Wrona, T. (1999), S. 23 ff.

Richtung zu leiten.[113] Eine Steigerung der Marktmacht eines Unternehmens ist dabei allein durch die Ankündigung der Vertikalisierung möglich.[114] Der Aufbau von Macht über die Verbesserung der Marktposition, durch die Umsetzung einer Front-End-Driven-Strategie, bietet Druckpotenzial für vertikal aufgestellte Handelsunternehmen in Richtung Markenhersteller. Ebenso verringern Markenhersteller, durch die Umsetzung einer Back-End-Driven-Strategie, also den Aufbau einer direkten Hersteller-Kunden-Beziehung, die Händlermacht.[115] Die Verbesserung der Verhandlungsmacht des vertikalen Unternehmens ergibt sich zudem aus den geringeren Gewinnmargen der integrierten Wertschöpfungsstufen und den Einsparungen der Ressourcen der Auseinandersetzung, die an die Konsumenten weiter gegeben werden können.[116] Vertikale Unternehmen können im Vergleich zu Konkurrenten die Input-Preise erhöhen und gleichzeitig die Verkaufspreise senken, um Marktanteile zu gewinnen ohne die Margen zu berühren, wenn die Konkurrenten daraufhin ebenfalls höher Einkaufspreise beziehen müssen. Dies hat die Verdrängung von Grenzanbietern zur Folge.

---

[113] „Erfüllung von Interessen, die für die dauerhafte Existenz des Unternehmens von zentraler Bedeutung sind. Dies sind Mitarbeiter, Kunden und Aktionäre, sowie Gläubiger, Zulieferer und Regierungen" Lang, J. (2008) S. 13 f.
[114] Vgl. Wrona, T. (1999), S. 26
[115] Vgl. Schuckel, M. (2002), S. 211 f.
[116] Vgl. Wrona, T. (1999), S. 27

3. Potenzielle Wettbewerbsvorteile von Handelsunternehmen durch den Aufbau einer Handelsmarke

3.1 Begriff der Handelsmarke

„Die Marke ist ein Name, ein Begriff, ein Symbol oder Design, bzw. eine Kombination daraus, die ein Produkt oder eine Dienstleistung in eindeutiger Weise hervorheben und von Mitbewerbern unterscheiden."[117] In der Betriebswirtschaft wird der Begriff „Marke" neben Produkten und Dienstleistungen auch für Unternehmen und Institutionen verwendet.[118] Erfolgreiche Marken zeichnen sich heute durch einen hohen Bekanntheitsgrad, ein differenzierendes Image und einen starken Präferenzstatus bei Käufern aus. „Markenartikel sind die für den privaten geschaffene Fertigwaren, die in einem größeren Absatzraum unter einem besonderen, die Herkunft kennzeichnenden Merkmal (Marke) in einheitlicher Aufmachung, gleicher Mengen sowie in gleichbleibender oder verbesserter Güte erhältlich sind und sich dadurch sowie durch die für Sie betriebene Werbung die Anerkennung der beteiligten Wirtschaftskreise (Verbraucher, Händler und Hersteller) erworben haben."[119] In der Betriebswirtschaft wird der Begriff Marke jedoch nicht gesondert definiert, sondern nur der Begriff des Warenzeichens. Der Begriff Warenzeichen beschreibt „ ... flächenhafte Wort-, Bild-, Zahl- oder Kombinationszeichen, das im geschäftlichen Verkehr zur Individualisierung der Waren oder Dienstleistungen eines bestimmten Unternehmens genutzt wird."[120] Eine Marke beschreibt daher die Kennzeichnung einer Leistung durch Zeichen, die aus Wörter, Zahlen, Buchstaben oder Bildern gebildet werden. Die Kennzeichnung einer Marke erfolgt durch eine einheitliche Aufmachung, die eine gleichbleibende oder verbesserte Qualität zum Ausdruck bringt und dient als Markierung im Handel, die durch intensive Werbung zu einem hohen Bekanntheitsgrad und einer weiten Verbreitung am Absatzmarkt führt. Die Marke gibt Aufschluss über die Herkunft der Waren und trägt zur Differenzierung und Profilierung des Unternehmens gegenüber der Konkurrenz bei. Aus der Konsumentensicht dienen Marken zur einfacheren Identifikation und Beurteilung von Waren.

---

[117] Linxweiler, R. (2004), S. 76
[118] Vgl. Frahm, L. (2004), S. 19
[119] Mellerowicz (1963), S. 39
[120] Herreiner (1992), S. 9 f.

Marken müssen dem Konsumenten einen emotionalen und rationalen Mehrwert bieten, damit dieser bereit ist die Ware zu kaufen und einen eventuellen Aufpreis gegenüber nicht markierten Waren zu bezahlen.[121] Der Markenname stellt dabei den zentralen Baustein der Markenidentität dar. Produkte und Dienstleistungen sind im Vergleich zum Markennamen leichter austauschbar.[122]

Bei der Definition des Begriffs Marke müssen verschiedene Aspekte berücksichtigt werden.[123] Der rechtliche Aspekt beschreibt Marken als Schutzgegenstände. In Deutschland existiert ein Markenschutzgesetz, durch das sich Namen, Abbildungen und Aufmachungen schützen lassen. Der objektorientierte Aspekt sagt aus, dass Markenprodukte durch Attribute wie einheitliche Aufmachung, großen Absatzraum, gleichbleibende oder verbesserte Qualität und längere Produktlebensdauer gekennzeichnet sind und sich somit von markenlosen Produkten abheben. Durch die Ausgestaltung dieser Attribute bieten Marken eine Orientierung für den Markt. Sie vereinfachen bei Konsumenten die Entscheidung für ein Produkt und vermitteln Sicherheit und Vertrauen. Markenaspekte können zusätzlich aus Anbieter und Nachfrager Sicht betrachtet werden. Für den Markeninhaber bzw. Anbieter können Marken wertvoll sein, da sie bei Käufern die Kaufbereitschaft erhöhen, Loyalität schaffen und somit Wiederholungskäufe begünstigen. Die Marke wird unter diesem Aspekt nicht auf einzelne Produkte bezogen, sondern als gesamtes Absatzkonzept des jeweiligen Anbieters gesehen, mit dem er sich vom Wettbewerb abhebt. Die Marke besitzt somit eine Identifizierungs- und Profilierungsfunktion gegenüber Konkurrenten, die einhergeht mit einer stabilisierenden Wirkung für den Umsatz des Anbieters einer Marke aufgrund der geringeren Anfälligkeit für Marktschwankungen und der verbesserten Planungs- und Verkaufssicherheiten durch größere Absatzsicherheiten, im Vergleich zu markenlosen Produkten. Außerdem bietet die Marke eine Schutzfunktion gegenüber Nachahmern und trägt zur Imagebildung bei.[124] Hingegen dienen Marken den Käufern als Orientierungshilfe und sind Signale für Qualität.[125] Sie bewirken bei Konsumenten eine Kaufresistenz gegen Konkurrenzprodukte und schaffen meist eine höhere Zahlungsbereitschaft. Aus der Sicht des nachfrageorientierten Aspektes entstehen Markenwerte nicht in den Unternehmen, sondern in den Köpfen der Konsumenten. Oft vermitteln Marken spezielle Werte an Konsumenten

---

[121] Vgl. Hofbauer, G.; Schmidt, J. (2007), S. 21 ff.
[122] Vgl. Samland, B.-M. (2008), S. 317
[123] Vgl. Baumgarth, C. (2008), S. 3-9; Vgl. Zerres, C. (2006), S. 256
[124] Vgl. Bruhn, M. (2001), S. 32 f.
[125] Vgl. Bruhn, M. (2001), S. 34

was dazu führt, dass Marken häufig den Zweck der Selbstdarstellung von Menschen erfüllen. Dazu schaffen Marken Transparenz in der Produkt- und Angebotsvielfalt, indem sie einen Wiedererkennungswert für Konsumenten darstellen. Markenartikel erfüllen für die einzelnen Marktteilnehmer unterschiedliche Funktionen. Die markenpolitischen Ziele lassen sich daher aus diesen dargestellten Markenfunktionen ableiten:[126]

- Schaffung von Präferenzen
- Aufbau von Markentreue bzw. Kundenbindung
- Erhöhung des akquisitorischen Potenzials
- Erzielen einer absatzfördernden Wirkung
- Aufbau eines Markenimage
- Schaffung preispolitischen Spielraums
- Möglichkeiten der differenzierten Marktbearbeitung und die Verbesserung der Verhandlungsposition

Die markenpolitischen Ziele bilden den Ausgangspunkt für die Festlegung einer Markenstrategie.

„Handelsmarken - auch als Händler- oder Eigenmarke bezeichnet – sind Waren- oder Firmenkennzeichen, mit denen ein Handelsbetrieb oder eine Handelsorganisation Waren versieht bzw. versehen lässt."[127] Die Trägerschaft des gewerblichen Schutzrechts grenzt Handels- von Herstellermarken ab. Handelsmarken sind daher Güter, deren Markenzeichen sich im Eigentum eines Handelsunternehmens befindet. „Handelsmarken sind das Pendant zu Herstellermarken, da in diesem Fall der Handel als Markeneigner auftritt."[128] Das Handelsunternehmen trägt in diesem Fall auch die Verantwortung für die Qualität.

Oft wird die Eigenmarke als Synonym für Handelsmarke verwendet, unabhängig davon ob diese aus eigener oder fremder Produktion des Handelsunternehmens stammt. Handels- und Herstellermarken nähern sich in puncto Qualität immer weiter an. Handelsmarken stellen somit keine Nachahmer- bzw. Billigmarken mehr dar, obwohl sie preislich dennoch oft unterhalb des Preissegments der Herstellermarken liegen (siehe Tabelle 1).[129] Im vertikalen Markenwettbewerb bilden Handelsmarken ein Konfliktfeld zwi-

---

[126] Vgl. Bruhn, M (2001), S.34 ff.
[127] Bruhn, M. (1996), S. 9
[128] Berekoven, L. (1995), S. 134
[129] Vgl. Zentes, J.; Moschett, D.; Krebs, J. (2008) S. 91

schen Industrie und Handel. Handelsmarken treten, aufgrund der kooperativen und integrierten Handelssysteme, in den direkten Wettbewerb zu den Herstellermarken.[130] Produktqualitäten auf dem Niveau der Herstellermarken, in innovativen Nischen, mit einem starken Markenimage, können den Preis- und Wettbewerbsdruck reduzieren und zum entscheidenden Erfolgsfaktor bei der Einführung einer Handelsmarke werden. Handelsmarken werden meist in einem Mix aus Wholesale und Retail angeboten. Die Differenzierung von Handelsunternehmen durch die Einführung einer Handelsmarke dient dazu Zielkundenbedürfnisse besser zu befriedigen, die Kundenbasis auszuweiten und die Besucherfrequenz zu steigern. Zusätzlich sollen mögliche Spill-Over-Effekte[131] generiert werden. Die einheitliche Markierung der Handelsmarke und der Retail-Brand eines Handelsunternehmens kann zur Entstehung eines positiven Goodwill- und Imagetransfereffektes führen. Jedoch besteht auch Risiko des negativen Imagetransfers.

Merkmal	Herstellermarke	Handelsmarke
Markierung	vom Hersteller	vom Handel
Qualität	hohes Qualitätsniveau	mittleres Qualitätsniveau
Verkaufspreis	hohes und mittleres Segment	mittleres und niedriges Segment
Distribution	breit	begrenzt
Produktnutzen	Grund- und Zusatznutzen	Grundnutzen mit teilweise Zusatznutzen

Tabelle 1: Abgrenzung Hersteller- und Handelsmarke
In Anlehnung an: Bruhn, M. (1996), S. 14

3.2 Funktionen und Ziele einer Handelsmarke für Handelsunternehmen

Der Wandel der Textilbranche[132] macht es dem reinen Bekleidungseinzelhandel immer schwieriger, ohne den Aufbau einer eigenen Handelsmarke zur Differenzierung den Unternehmenserfolg zu sichern. Alternativ wäre nach Porter nur die Wettbewerbsstrategie der Kostenführerschaft möglich.[133]
„Oberziel der Handelsmarkenpolitik ist die Verbesserung der Umsatzrendite und die Steigerung des Gewinns..."[134] Neue Kunden sollen gewonnen, die Einkaufsstättentreue erhöht und der Umsatz gesteigert werden. Profilierung und Differenzierung gegenüber

---
[130] Vgl. Bruhn, M. (1996), S. 18
[131] „Beeinflussung von Image und Bekanntheitsgrad eines Objekts (i.d.R. Produkt oder Produktgruppe) durch ein anderes Objekt und dessen Image (Partizipationseffekt)." Gabler Wirtschaftslexikon (2012c)
[132] siehe Kapitel 4.1.1
[133] Vgl. Porter, M. (2010), S. 37 ff.
[134] Vgl. Bruhn, M. (2001), S. 29

der Konkurrenz soll erreicht und so die Wettbewerbsposition gestärkt werden, um Verdrängungswettbewerb auf dem Markt zu entgehen.[135] Gleichzeitig soll der Aufbau eines positiven Images mit dem Aufbau einer Handelsmarke verfolgt und das Sortiment, durch die Schließung einer strategischen Nische, optimiert werden.

Der Aufbau einer Handelsmarke dient der „marktorientierten Unternehmensführung des Handels im Hinblick auf eigen- oder fremdproduzierte Handelsmarkenprodukte"[136] Mit dem Aufbau einer Handelsmarke soll ein genereller Leistungs- und Wettbewerbsvorteil gegenüber der Konkurrenz, durch die Verringerung der Vergleichbarkeit des Sortiments geschaffen werden. Die Formulierung eines klaren und langfristig ausgerichteten Zielsystems, das sich an den Oberzielen des Unternehmens orientiert, ist die Voraussetzung, um sinnvolle marktbezogenen Marketingmaßnahmen zum Aufbau einer Handelsmarke umsetzen zu können.[137] Das Ziel ist eine eigenständige und individuell auf die Zielgruppe ausgerichtete Markenpersönlichkeit zu formen und so den Bekanntheitsgrad bei der Zielgruppe zu steigern und den Aufbau einer Vertrauensbeziehung zwischen Konsumenten und Handel zu forcieren. Die Emanzipation des Handels gegenüber den Herstellern soll die Herstellermacht reduzieren.[138] Die Entwicklung einer eigenen Handelsmarke, die auf dem Markt sowohl im eigenen Einzelhandel sowie im Großhandel angeboten wird dient dabei als Grundlage. Der Unternehmenserfolg soll aufgrund des zusätzlichen Absatzes vergrößert und zusätzliche Verkaufsflächen im Bekleidungseinzelhandel gewonnen werden.

Ein stetiger Wandel der Funktionen innerhalb der Anspruchsgruppen hat nach der Emanzipation der Handelsmarke am Markt stattgefunden und führte zu Zielkonflikten zwischen Handel und Markenherstellern. Neben den Grundfunktionen der Handelsmarke Identifizierung, Herkunftsbestimmung und Unterstützung, kommen bei einer Handelsmarke noch zahlreiche weitere Funktionen hinzu, die sich aus den Perspektiven der Hersteller, des Handels und der Konsumenten jedoch unterschiedlich Darstellen.[139] Der Fokus der vorliegenden Untersuchung liegt auf der Händlerperspektive und stellt Aspekte und Funktionen der Handelsmarke aus der Händlersicht vor. Diese können aus den Perspektiven der Markenhersteller und Konsumenten abweichen (siehe Tabelle 2).

---

[135] Vgl. Esch (2004), S. 448
[136] Vgl. Bruhn, M. (1996), S. 17
[137] Vgl. Esch (2004), S. 448
[138] Vgl. Hofbauer, G.; Schmidt, J. (2007), S. 34 f.
[139] Vgl. Bruhn, M. (1996), S. 14

Die Aufgabe der Herkunfts-, Identifizierungs- und Unterstützungsfunktion der Handelsmarke ist es auf ein bestimmtes Handelsunternehmen hinzuweisen. Geschäftsbetrieb, Ruf und Leistung stellen Bezugspunkte für die Verbrauchervorstellung von Handelsmarken dar. Die Konsumenten haben beim Kauf von Handelsmarken die Sicherheit, dass der Händler darüber bestimmt, welche der gegebenenfalls aus wechselnden und unterschiedlichen Betrieben stammenden Produkte mit seiner Marke versehe werden. Aus Händlersicht lassen sich noch weitere Funktionen abgrenzen.[140] Das Preis-/Leistungsverhältnis stellt sicher, dass Handelsmarken zu einer ähnlichen Qualität wie Herstellermarken, jedoch zu einem geringeren Preis, angeboten werden. Ein gutes Preis-/Leistungsverhältnis bei gleichbleibender Qualität stellt die Basis einer erfolgreichen Handelsmarke dar. Die Preis-Leistungsfähigkeit gibt zudem Aufschluss über Leistungsfähigkeit des vertikalen Systems. Die Qualitätsfunktion bezieht sich auf die auf gesamte Handelsleistung. Von der Produkt- und Lieferantenauswahl, der strengen Qualitätskontrolle, der produktgerechten Lagerung, bis zur spezifischen Darbietung im Sortiment. Die Sortimentsleistungsfunktion beschreibt die Sortimentskompetenz des Handelsunternehmens, die sich an den Wünschen und Bedürfnissen der Kunden orientieren muss. Das Handelsunternehmen rundet mit der Handelsmarke das Sortiment zielgruppengerecht ab. Die Polarisierungsfunktion zeigt die Differenzierung des Handelsunternehmens von Wettbewerbern. Differenzierung führt zur Erhöhung der Einkaufsstättentreue bei Konsumenten und zur Bildung eines Gegenpols zu vertikalisierenden Herstellern.

Die Funktionen der Handelsmarke haben, je nach Unternehmensphilosophie und Eingliederung in die strategischen Unternehmensziele, eine unterschiedliche Gewichtungen innerhalb der Handelsunternehmen.[141] Negative Ausstrahlungseffekte ergeben sich, falls die Handelsmarke von den Konsumenten als qualitativ nicht hochwertig empfunden wird.

---

[140] Vgl. Bruhn, M. (1996), S. 15 f.
[141] Vgl. Bruhn, M. (1996), S. 15

Funktionen der Handelsmarke		
Herstellersicht	Handelssicht	Konsumentensicht
Abbau von Überkapazitäten	Inanspruchnahme des Warenzeichenschutzes	Erwerb preisgünstiger Produkte
Risikoreduzierung	Neues Standbein im Wettbewerb	Gleichbleibende Qualität der Produkte
Fixkostendegression	Dokumentation eines eigenständigen Sortimentsprofil	Substitutionsmöglichkeit für nicht vorhandene klassische Markenartikel
Portfolioergänzung	Bildung eines Gegenpols zu anderen eigenen oder fremden Betriebstypen	Vereinfachung der Einkaufsstättentreue

Tabelle 2: Funktionen der Handelsmarke aus Hersteller-, Handels- und Konsumentensicht
In Anlehnung an: Bruhn (1996), S.14

3.3 Erscheinungsformen der Handelsmarke

Handelsmarken waren zuerst als „weiße Marken" mit Billigpreisen als Kaufargument bekannt. Nach einer differenzierten Entwicklung werden Handelsmarken heute nach strategischen und preislichen Ausrichtungen in Kategorien eingeordnet.[142] Eine Systematisierung der Handelsmarken erfolgt in die Kategorien[143] Klassische Handelsmarke, Premium Handelsmarke und Gattungsmarke (siehe Abbildung 6).

„Gattungsmarken (No-Names) sind aufgrund ihrer ökonomischen Konzeption und ihres warenzeichenrechtlichen Schutzes als eine Variante der Handelsmarken anzusehen."[144] Gattungsmarken sind sog. „weiße Waren"[145] und werden vom Handel nicht mit Marken- oder Firmenbezeichnung ausgezeichnet, sondern nur mit der Warengruppe versehen. Gattungsmarken stellen preisgünstige „Low-Interest-Produkte" des täglichen Bedarfs, wie z.B. Grundnahrungsmittel, dar und erfüllen nur qualitative Mindestanforderungen. Gattungsmarken sind somit kaum erklärungsbedürftig und haben einen niedrigen Preis, bei Sicherstellung einer Mindestqualität.[146] Gattungsmarken besetzen meist das Preiseinstiegssegment einer Warengruppe, durch schnelldrehende Güter im

---
[142] Vgl. Zentes, J.; Moschett, D.; Krebs, J. (2008) S. 83
[143] Vgl. Zentes, J.; Moschett, D.; Krebs, J. (2008), S. 85
[144] Vgl. Bruhn, M. (1996), S. 45
[145] Vgl. Zentes, J. (2008), S. 635
[146] Vgl Ackermann, C. (2004), S.87 f.

Low Investmentbereich, mit einem Grundnutzen und einer Standartqualität. Ein Preisabstand zu Herstellermarken ist vorhanden.

Klassische Handelsmarken sind „Produkte die von Handelsorganisationen selbst erzeugt und mit einer Marke gekennzeichnet werden."[147] Meist sind diese Produkte nur in den Filialen des Handelsunternehmens zu erhalten und im mittleren bis unteren Preissegment, leicht unterhalb des Preissegments der Herstellermarken, angesiedelt. Klassische Handelsmarken haben eine höhere Qualität als Gattungsmarken und sind mit den Herstellermarken vergleichbar, haben jedoch Kostenvorteile.[148] Meist werden klassische Handelsmarken in Bereichen mit geringem Innovationsgrad als Nachbildungen von Herstellermarken angeboten. Eine gute und vergleichbare Qualität zu einem geringeren Preis, soll das Preis-Leistungsverhältnis optimieren und die Konsumenten zum Kauf anregen.[149] Eine Me-too-Strategie[150] bei Handelsmarken birgt das Risiko der Substituierbarkeit des angebotenen Produktportfolios.

„Premiummarken des Handels sind in puncto Qualität höher einzustufen als die entsprechende Herstellermarke"[151] Premium Handelsmarken stellen keine „Me-Too"-Produkte dar und sind meist im hochpreisigen Segment vertreten.[152] Ein einzigartiger Zusatznutzen der Qualität, verschafft dem Handel Spielraum in der Preisgestaltung.[153] Premium Handelsmarken zeichnen sich durch eine eigenständige und individuelle Produktgestaltung aus und sind meist in Märkten mit einem hohen Innovationsgrad angesiedelt. Intensive Kommunikationsmaßnahmen und ein überlegenes Qualitäts- und Preisniveau stellen den wahrgenommenen Zusatznutzen der premium Handelsmarken dar und sind entscheidend für Wachstumserwartungen des Handelsunternehmens. Individualität, Innovativität, Design und Ästhetik, tragen zum Image der Marke bei, mit dem der Kunden die Marke identifizieren soll. Individualität entsteht vor allem durch die Variation geringer Merkmale, z.B. Designmerkmale oder Passform und kann durch „Mass Customizing" für Handelsmarken erreicht werden.[154]

---

[147] Vgl. Bruhn, M. (1996), S. 45
[148] Vgl. Zentes, J.; Moschett, D.; Krebs, J. (2008), S. 635
[149] Vgl. Meffert, H. ; Burmann, C. ; Koers, M. (2005), S. 179
[150] „Nachahmung von vorhandenen Produkten" Vgl. Pesch, J. (2010), S. 114
[151] Vgl. Ackermann, C. (2004), S.88
[152] Vgl. Zentes, J.; Moschett, D.; Krebs, J. (2008), S. 635
[153] Vgl. Meffert, H. ; Burmann, C. ; Koers, M. (2005), S. 179
[154] „individualisierte Massenfertigung" Vgl. Helferich, A. (2010), S. 51 f.

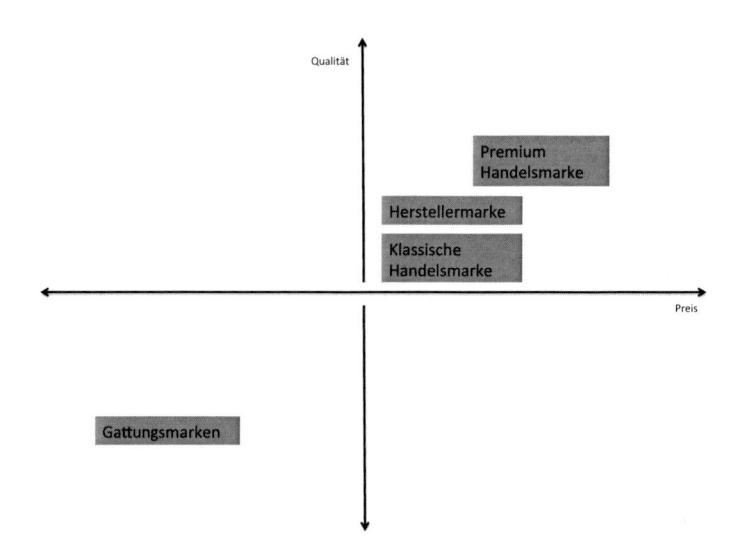

Abbildung 6: Positionierung der Erscheinungsformen von Handelsmarken
In Anlehnung an: Bruhn (2001), S.12

Eine Klassifikation von Handelsmarken ist auch hinsichtlich der Anzahl der unter der Marke geführten Produkte möglich. Dabei wird zwischen Einzelmarke, Segmentmarke, Dachmarke unterschieden.[155]
Einzel- bzw. Monomarken kennzeichnen nur ein einziges Produkt. Der Aufbau ist sehr kostenintensiv, bietet geringe kommunikative Unterstützung und einen geringen Distributionsgrad. Die Möglichkeit jedes Produkt spezifisch und individuell am Markt zu positionieren ermöglicht jedoch den Aufbau von Markenkompetenz und eine starke Profilierung der Marke gegenüber Konkurrenz.[156] Einzelmarken werden nur für ein bestimmtes Produkt etabliert und ermöglichen eine gezielte Ansprache von Kundensegmenten und eine bestmögliche Übereinstimmung von Marke und Anspruchsprofil.
Unter Warengruppe- und Sortimentsmarken werden verwandte Produkte eines Segments unter einer Marke zusammengefasst, um Synergieeffekte zu nutzen. Zudem

---

[155] Vgl. Zentes, J.; Morschett, D.; Krebs, J. (2008), S.85
[156] Vgl. Bruhn, M. (2001), S. 33

sollen Imagetransfereffekte ausgenutzt werden. Unter Segmentmarken werden jedoch auch artfremde Produkte aufgenommen, um Synergien bei Produktvermarktung zu realisieren und eine leichtere Produkteinführung zu ermöglichen.[157]

Dachmarken verbinden einzelne Produkte verschiedener Sortiments- und Segmentsteile unter einem Namen.[158] Imagetransfereffekte sollen erreicht und eine verbesserte Zuordnung der Produkte zu dem Unternehmen für die Konsumenten ermöglicht werden. Jedoch sind auch negative Transfereffekte möglich.[159]

---

[157] Vgl. Zentes, J.; Morschett, D.; Krebs, J. (2008), S.85
[158] Vgl. Zentes, J.; Morschett, D.; Krebs, J. (2008), S. 643
[159] Vgl. Bruhn, M. (2001), S.34

4. Konzept zur Vertikalisierung durch die Einführung einer Handelsmarke am Beispiel des Hochzeitshauses Haltern am See

4.1 Kritische Analyse der Textil- und Bekleidungsbranche

4.1.1 Gesamtwirtschaftlicher Rahmen

Die Textil- und Bekleidungsindustrie stellt, nach der Ernährungsbranche, die zweitgrößte Konsumgüterbranche in Deutschland dar und ist von einer mittelständischen Unternehmensstruktur geprägt, die meist hochspezialisiert ist.[160] Sie ist Zulieferer zahlreicher anderer Industriezweige, wie z.B. der Automobil-, Bau- und Pharmaindustrie.[161] Der Fokus der vorliegenden Untersuchung liegt auf der Bekleidungsindustrie und dem dazugehörigen Handel.[162] Die Textil- und Bekleidungsindustrie ist ein Sektor des verarbeitenden Gewerbes, umfasst in Deutschland ca. 1200 Betriebe und beschäftig insgesamt 120.000 Mitarbeiter, sowie 280.000 weitere Mitarbeiter die weltweit für deutsche Unternehmen beschäftigt sind, ohne die Mitarbeiter mitzuzählen die im Auftrag von deutschen Unternehmen handeln.[163] „Innovationskraft, Flexibilität und Schnelligkeit zeichnen die Textil- und Modebranche aus."[164]

Der Bekleidungsmarkt lässt sich in die Segmente Massenmarkt, Premium Segment und Luxus Segment abgrenzen.[165] Der Massenmarkt macht 78% des deutschen Bekleidungsmarktes aus und beinhaltet Marken wie C&A, Esprit und H&M. Das Premium Segment hat einen Marktanteil von 20% und bildet die Brücke zwischen Massenmarkt und Luxus Segment. Anbieter wie Tommy Hilfiger oder Hugo Boss vertreten ein gehobenes Image und gehobene Preise. Die Marken Prada und Gucci sind Beispiele für das Luxus Segment, das einen Marktanteil von nur 2% besitzt.

Ein massiver Abbau der Beschäftigung seit dem Jahr 2000 und negative Umsatzentwicklungen sind die Folge des strukturellen Wandels der Branche. Die Globalisierung[166] der Textilwirtschaft ist auf die Liberalisierung der Märkte[167] der Textil- und

---

[160] Vgl. Bundesministerium für Wirtschaft und Technologie (2012a)
[161] Vgl. Gesamtverband der deutschen Textil- und Modeindustrie e.V. (2012)
[162] siehe Kapitel 4.1.2
[163] Vgl. Gesamtverband der deutschen Textil- und Modeindustrie e.V. (2012b)
[164] Gesamtverband der deutschen Textil- und Modeindustrie e.V. (2012a)
[165] Vgl. Perspektiv Research (2012), S. 2
[166] Vgl. Zentes, J., Swoboda, B. (1998), S. 5 ff.

Bekleidungsindustrie zurückzuführen und beschreibt den strukturellen Wandel der Bekleidungsindustrie. Das Motto „Survival of the fittest, cheapest and hippest" beschreibt die von Saisonalität und sich schnell ändernden Modeentwicklung geprägte Bekleidungsindustrie. Immer kürzere Produktlebens- und Auslieferungszyklen verkürzen die Marktausschöpfungsdauer. Unternehmen sind zunehmend international auf Produktions- und Absatzmärkten vertreten, ohne jedoch globale Strukturen zu haben. Weltumfassende Unternehmensnetzwerke und Produktionsverlagerungen in Billiglohnländer, um dem zunehmenden Preisdruck standhalten zu können, sind die Folge. Der damit verbundene zusätzliche Wettbewerbs- und Preisdruck, auch auf den einheimischen Märkten,[168] hat die deutsche Textilwirtschaft frühzeitig dazu veranlasst, ihre Exporte auf neue Absatzmärkte auszuweiten und innovative Produkte zu entwickeln. Eine stetig wachsende Exportquote, die im Jahr 2011 bei 43,4 % lag ist die Folge. Seit dem Jahr 1970 konnte die Exportquote der Textilwirtschaft um 33,4 % gesteigert werden und liegt im internationalen Vergleich auf Platz 3 hinter China und Italien.[169] Der Außenhandel hat sich im Jahr 2011 im Vergleich zu 2010 sowohl beim Import wie beim Export weiter positiv entwickelt. Die Textilindustrie legte um 9,5% bzw. 8,4% und die Bekleidungsindustrie um 13,1% bzw. 8,3% zu. Die Textil- und Bekleidungsindustrie konnte durch die Umsatzsteigerungen in den vergangenen zwei Jahren im Jahr 2011 einen Gesamtumsatz von 29 Mrd. Euro erwirtschaften. Dies ist ein Anstieg von 7,1% im Vergleich zum Jahr 2010.

Die Textilindustrie konnte zudem, im Jahr 2011, in den Bereichen Umsatz, Beschäftigung und Produktion, Wachstum generieren. Die Entwicklung der Bekleidungsindustrie verlief dagegen uneinheitlich.[170] Die Textilindustrie konnte dabei mit 7,8% ein stärkeres Umsatzwachstum erreichen als die Bekleidungsindustrie mit 6%. Die Anzahl der Beschäftigten stieg in der Textilwirtschaft aufgrund der guten Konjunkturlage an. Im Bereich der Textilindustrie um 1,8%. Die Bekleidungsindustrie baute hingegen um 0,7% Beschäftigte ab, sodass die Textilwirtschaft insgesamt um 0.9% zulegte. Die Produktion legte in beiden Bereichen zu. In der Textilindustrie um 1,7% und in der Bekleidungsindustrie um 0,8%. Vom Exportgeschäft werden auch weiterhin Wachstumsimpulse ausgehen und vor allem durch die aufstrebenden asiatischen und der

---

[167] Vgl. Bundesministerium für Wirtschaft und Technologie (2012b)
[168] Vgl. Zentes, J.; Swoboda, B. (1998), S. 26
[169] Vgl. Bundesministerium für Wirtschaft und Technologie (2012d)
[170] Vgl. Bundesministerium für Wirtschaft und Technologie (2012c)

südamerikanischen Märkte generiert.[171] Die Bedeutung der internationalen Wettbewerbsfähigkeit wird in Zukunft weiter an Bedeutung zunehmen. Daher ist eine Internationalisierungsstrategie eine wirtschaftliche Notwendigkeit für die Unternehmen der Textil- und Bekleidungsindustrie. In den deutschen Unternehmen verbleiben nur noch das Knowhow und die administrativen Aufgaben, wie z.b. die Produktentwicklung und der Vertrieb. Die Verschlechterung des Schutzes geistigen Eigentums, die Produktpiraterie, die Verknappung der Rohstoffe und der zu erwartende Anstieg des Lohnniveaus in Asien, stellen hingegen die Risiken[172] der Internationalisierung und Globalisierung dar und müssen in den strategischen Planungen der Bekleidungsindustrie berücksichtigt werden. Der demographische Wandel, der Fachkräftemangel und die hybride Konsumenten stellen weitere Einflussfaktoren dar. Innovationen, wie z.B. aktuell technische Stoffe, können den Wettbewerbs- und Preisdruck verringern und neue Wachstumspotenziale schaffen. Langfristig intakte und globale Trends fördern zudem die Nachfrage.[173]

4.1.2 Bekleidungseinzelhandel

Der Begriff des Handels lässt sich aus funktioneller und institutioneller Sicht definieren. Im funktionellen Sinne ist Handel als die Weiterveräußerung von beweglichen Sachen, die nicht oder nur geringfügig be- oder verarbeitet werden, zu verstehen.[174] Die intitutionelle Definition stellt das Handelsunternehmen in den Mittelpunkt und beschreibt es als Unternhemen das ausschließlich oder überwiegend Waren beschafft und diese ohne Ver- oder Bearbeitung, weiterverkauft.[175] Handelsunternhemen erwerben das Eigentum an der verkauften Ware und sind wirtschaftlich selbstständig. Um die verschiedenen Erscheinungsformen im Einzelhandel zu systematisieren, werden diese nach Betriebsformen differenziert. Betriebsformen dienen der Kennzeichnung unternehmensübergreifender handelsbetrieblicher Waren- und Dienstleistungskombinationen[176] und unterscheiden den Facheinzelhandel, Filialisten, Warenhäuser, Versender und SB-Warenhäuser, sowie Shopping-Center und Factory Outlets. Der Facheinzelhandel

---

[171] Vgl. DBResearch (2011), S. 11 f.
[172] Vgl. DBResearch (2011), S. 10 f.
[173] Vgl. DBResearch (2011), S. 5 f.
[174] Vgl. Müller-Hagedorn, L. (1998), S. 16 ff.
[175] Vgl. Müller-Hagedorn, L. (1998), S. 19
[176] Ahlert, D.; Kenning, P. (2007), S. 126

befindet sich in der degenerativen Sättigungsphase des Lebenszyklusmodells (siehe Abbildung 7). Um dem Abschwung zu entgehen müssen neue Geschäftsfelder oder Absatzmöglichkeiten gefunden und Profilierungsmaßnahmen ergriffen werden.

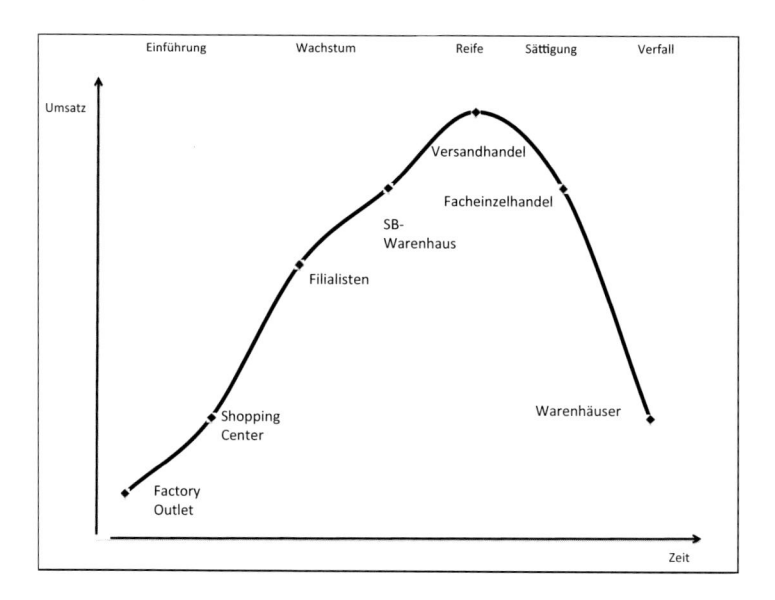

Abbildung 7: Lebenszyklussituation im Bekleidungsfachhandel
In Anlehnung an: Ahlert, D; Dieckheuer, G. (1993), S. 18; Rietdorf, S. (2011), S. 21

Der Einzelhandel nimmt die Funktion des Warentauschs am Ende der textilen Wertschöpfungskette zwischen Markenhersteller und Endverbraucher ein und wird traditionell vom Massenmarkt als Vertriebskanal eingesetzt.[177] Als prägnante Merkmale von Bekleidungsmärkten werden die Mode,[178] die Saisonalität[179] und das Sortiment[180]

---

[177] Vgl. perspektiv GmbH (2012), S. 3
[178] „vorübergehend Allgemeinverbindlichkeit erlangende Neugestaltung der Bekleidung bzw. des Bekleidungszubehörs in Material, Farbe und Schnitt" Pesch, G. (1973), S. 8 ; „zeitlich begrenzte, sich permanent wandelnde und für bestimmte Bevölkerungsgruppe vorherrschende Präferenz für Bekleidungstextilien und das Entsprechende Zubehör hinsichtlich einer bestimmten Kombination aus Material, Schnitt, Farbe sowie Dessin" Ahlert, D.; Große-Bölting, K.; Heinemann, G.; Rohlfing, M. (2006), S. 10
[179] „saisonabhängiger Modezyklus, der einen permanenten Wechsel der Produkt- und Kollektionsgestaltung bewirkt" Hermanns, A.; W. Schmitt (1999), S. 16

dargestellt. Im Bekleidungseinzelhandel besteht dieses Sortiment aus Kollektionen[181] von Modestücken. Die zunehmende Wettbewerbsintensität, durch das aufkommen neuer Betriebs- und Organisationsformen, prägt die Entwicklung des Einzelhandels.[182] In Deutschland herrscht im Bekleidungseinzelhandel, eine meist mittelständische Struktur, die oft familiär geprägt ist. Der Shareholder Value spielt daher eine eher untergeordnete Rolle in den Unternehmenszielen. Der Fokus liegt eher auf dem ROI und dem Cash-Flow. Dies wirkt sich oft Investitionshemmend aus. Die Wettbewerbskräfte, potenziellen neuen Konkurrenten, der Markenhersteller, Konsumenten und neue Betriebsformen bzw. Substitutionsleistungen wirken auf den Bekleidungseinzelhandel ein (siehe Abbildung 8).[183] Potenzielle neue Konkurrenten kopieren erfolgreiche Konzepte und schaffen so eine hohe Wettbewerbsintensität und einen harten Verdrängungswettbewerb auf dem Markt.[184] Markenhersteller haben traditionell eine hohe Verhandlungsstärke gegenüber dem Bekleidungseinzelhandel, die durch die Konzentration in der Industrie und die Möglichkeiten der Vorwärtsvertikalisierung noch verstärkt wird. Der Ausschluss von Einzelhändler aus dem Distributionssystem oder die Erhöhung der Preise für Einkaufstätten, sind mögliche Folgen. Die Konsumenten werden immer preissensibler, individueller und haben einen höheren Qualitätsanspruch. Der Strukturwandel der Bekleidungsindustrie, hat viele neue Betriebstypen zur Differenzierung von Einzelhandelsunternehmen entstehen lassen. Neben dem stetig wachsendem Versandhandel und den E-Commerce als Distributionskanal, bleibt jedoch die Einzelhandelsfiliale einer der wichtigsten Handelsplätze im Distributionssystem der Bekleidungsindustrie. Der Markt des Bekleidungseinzelhandels ist geprägt von einer wachsenden Anzahl an Shopping-Centern und dem Aussterben von Warenhäusern, aufgrund der fehlenden Spezialisierung und Individualität. Der Strukturwandel bringt dem Bekleidungseinzelhandel zudem einen stärkeren Wettbewerb durch große, auch zum Teil branchenfremde Unternehmen die Mode in ihr Sortiment mit aufnehmen. Stagnierende und zurück-

---

[180] „Summe aller Absatzobjekte, die ein Anbieter im Laufe einer Saison seinen Abnehmern physisch oder auf eine andere Weise anbieten will, wobei es gleichgültig ist, ob er die Güter selbst herstellt oder beschafft" Müller-Hagedorn, L. (2002), S. 157
[181] „...zusammengestelltes Warenangebot eines Herstellers oder eines Groß- bzw. Einzelhändlers." Gabler Wirtschaftslexikon (2012d)
[182] Vgl. Zentes, J.; Swoboda, B. (1998), S. 26 f.
[183] Vgl Gröppel-Klein, A. (1998), S. 29
[184] Vgl. Porter, M. (2008), S. 36 ff.

gehende Umsätze, aufgrund rückläufiger Konsumausgaben, erhöhen stetig den Druck auf den Handel.[185]

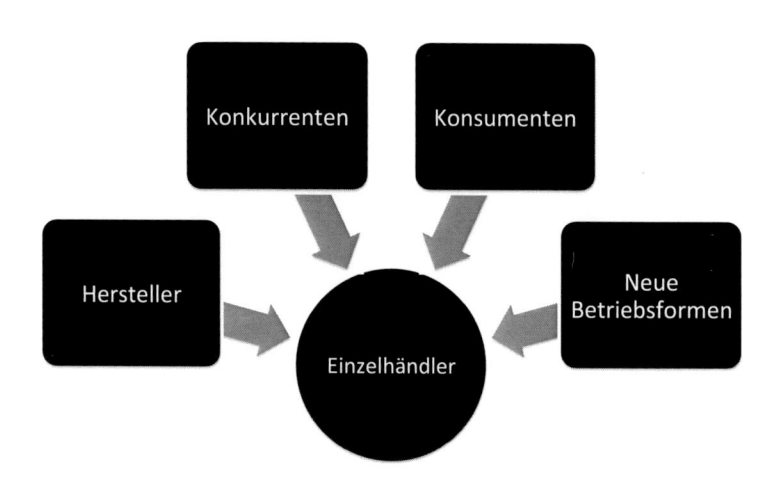

```
        Konkurrenten      Konsumenten

Hersteller          →  Einzelhändler  ←          Neue
                                                 Betriebsformen
```

Abbildung 8: Wettbewerbskräfte im Bekleidungseinzelhandel
In Anlehnung an: Gröppel-Klein, A. (1998), S. 29

Den Motor der globalen Bekleidungsbranche stellt ein funktionierender Facheinzelhandel in Deutschland dar. Viele Internationale Unternehmen drängen in den deutschen Markt[186] und fördern den Verdrängungswettbewerb. Wachstum ist nur durch die Gewinnung von Marktanteilen der Konkurrenz möglich und die Erweiterung des Sortiments der Einzelhändler meist die Folge immer individuellerer Kundenansprüche. Unqualifizierte Einzelhändler haben keine Chance am Markt zu bestehen.[187] Die Generierung spezieller Einkaufserlebnisse ermöglicht die Erhöhung der Kundenbindung an die Einkaufsstätte. Convenience[188] stellt aktuell den wichtigsten und nachhaltigsten Trend im Einzelhandel dar. Die Konsumenten wollen ihre Lebensqualität steigern und

---
[185] Vgl. Querschüsse (2012)
[186] Vgl. Ahlert, D.; Dieckheuer, G. (1993), S. 15 ff.
[187] Vgl. Trading-House (2012); Vgl. Rietdorf, S. (2011), S. 52 ff.
[188] „Einsparung von Zeit und Arbeit für Konsumenten" Vgl. Ettinger, A.; Fassnacht, M. (2010), S. 11 ff.

Stress reduzieren.[189] Der Standortfaktor ist, neben den Mitarbeitern und der Warenverfügbarkeit, ein weiterer KEF des Bekleidungseinzelhandels, bei dem Stadtgröße und Umsatz miteinander korrelieren und die Lage ein zentrales Kriterium für wirtschaftlichen Erfolg ist. Die Generierung von Umsatz wird erheblich durch den Standort beeinflusst.[190]

Handelsunternehmen treten auf der Beschaffungsseite meist als globaler Player auf, jedoch sind die absatzmarktorientierten Aktivitäten erst seit kurzer Zeit international bzw. global orientiert, sodass der Strukturaufbau eine wesentliche Herausforderung für den Bekleidungseinzelhandel darstellt.[191] Die Globalisierung von Einzelhandelsunternehmen kann als zentrale Wettbewerbsstrategie betrachtet werden.[192] Das Motto „Die schnellen schlagen die langsamen"[193] ist einem stetig wachsendem Handelsmarkengeschäft, durch rückwärtsvertikalisierende Bekleidungseinzelhändler, geschuldet.

4.2 Unternehmensaufbau

Das Handelsunternehmen „HHAS" wurde im 2009 als reines Einzelhandelsunternehmen der Bekleidungsbranche in Haltern am See gegründet und ist auf das Marktsegment Hochzeitsmode, sowie Fest- und Abendmode, spezialisiert.[194] Das als Einzelunternehmen gegründete HHAS ist ausschließlich auf dem Bekleidungsmarkt tätig und war zunächst nur auf den Vertrieb von Fremdwaren ausgerichtet. Die Firmenphilosophie wird durch das Motto „Für den schönsten Tag in Ihrem Leben gibt es keine zweite Chance"[195] deutlich. Zu Beginn der Unternehmensaktivitäten beschränkte sich das Sortimentsangebot rein auf das Marktsegment der Hochzeitsmode für Sie und Ihn. Doch schon damals stand der Plan zur Ausweitung des Sortiments fest. Heute ist Mode für die komplette Hochzeitsgesellschaft, wie z.B. die Brautmutter, im Angebot. Zusätzlich wurde das Sortiment durch Ball- und Abendkleider erweitert. Auf besondere regionale Begebenheiten wird zudem durch das Warenangebot für Schützenfeste eingegangen. Eine Ausweitung der Ladenfläche von 140 qm im Jahr 2009 auf 200 qm, durch den Aufbau eines zusätzlichen Änderungsateliers, hat bereits stattgefunden.

---

[189] Vgl. Zentes, J.; Schramm-Klein, H.; Neidhart, M. (2005), S. 67 ff.
[190] Vgl. Mütze, M.; Abel, M.; Senff, T. (2009), S. 12 ff.
[191] Vgl. Zentes J.; Swoboda, B. (1998), S. 4 f.
[192] Vgl. Zentes, J. (2008), S. 13
[193] Jochem Möller (2012) Interview, S. 79
[194] Vgl. Hochzeitshaus Haltern am See (2012a)
[195] Hochzeitshaus Haltern am See (2012d)

Der Standort Haltern am See ist als „Tor zum Münsterland" und Naherholungsgebiet für das gesamte Ruhrgebiet bekannt. Die große Anzahl auswärtiger Gäste, durch z.b. Wochenendausflüge, hat eine Steigerung des Bekanntheitsgrades ohne aktives Marketing zur Folge. Hinzu kommt das potenzielle Kunden es gewohnt sind für Hochzeitsmoden zu reisen. Dazu bietet der Standort Haltern günstigere Mietpreise als nahegelegene Großstädte, Sehenswürdigkeiten, wie z.b. die Seen, die Römerroute und einen Stadtkern, der einer von wenigen in Deutschland ist, der nur Fußgängern zugängig ist.[196]

Die Zielgruppe des HHAS sind grundsätzlich Heiratswillige egal welchen Alters. Die Hauptzielgruppe liegt jedoch zur Zeit zwischen 28 bis 35 Jahren für den Bereich Hochzeitsmode. Die Zielgruppe für die stark saisonabhängige Fest- und Abendmode liegt zwischen 17-21 Jahren.[197]

Das Markenangebot im Sortiment des HHAS beinhaltet sowohl trendige, klassische, schlichte und aufsehenerregende, wie auch elegante Marken. Dazu zählen alle Marken mit einem hohen Bekanntheitswert im Marktsegment der Hochzeitsbekleidung, wie z.B. Sincerity, Ladybird oder Justin Alexander.[198] Die geringe Zahl an Markenherstellern bietet dem HHAS nur wenige Möglichkeiten zur Differenzierung von Konkurrenten. Es herrscht zwar ein großes Angebot an Marken am Markt, jedoch sind dabei nur wenige Markenhersteller, bei denen die Bedürfnisse der Zielgruppe erfüllt werden. Die Schwierigkeit besteht vor allem darin eine Übersicht über Vielzahl von Anbietern zu bekommen, die immer mehr durch chinesische Billiganbieter geprägt werden.[199] Aktuell gibt es ca. 1800 Hochzeitsläden in Deutschland. Je nach Bevölkerungsstruktur steigt die Zahl der direkten Konkurrenten in der unmittelbaren Umgebung erheblich. Das HHAS steht daher einer große Konkurrenz, aufgrund der hohen Bevölkerungsdichte in NRW und vor allem im angrenzenden Ruhrgebiet, gegenüber. Zusätzliche Konkurrenz entsteht durch Billiganbieter und Markenpiraterie im Internet.[200]

Die angebotenen Fremdwaren des Sortiments des HHAS bewegen sich im mittleren Preissegment der Branche. Hochzeitskleider werden von 300 bis 1600 Euro angeboten. Herrenanzüge liegen bei 399 bis 800 Euro. Die Auswahl an Größen von 30 bis 60, mit dem zusätzlichen Angebot von Einzelanfertigungen, soll ebenso wie die Preislagen einen möglichst großen potenziellen Kundenkreis ansprechen. Zusätzlich werden Zu-

---

[196] Vgl. Stadt Haltern am See (2012)
[197] Vgl. Jochem Möller (2012) Interview, S. 69
[198] Vgl. Hochzeitshaus Haltern am See (2012b)
[199] Vgl. Jochem Möller (2012) Interview, S. 73 f.
[200] Vgl. Jochem Möller (2012) Interview, S. 69 ff.

steller wie Schuhe, Krawatten, Schleifen, Hemden, Westen, Schleier, Korsage, Unterwäsche, Reifröcke und Schmuck, von denen jeweils die wichtigsten Modelle vorrätig sind, angeboten.[201] Weitere Zusatzleistungen stellen die interne Änderungsschneiderei und der Aufbewahrungsservice dar.[202]

Die Marketingaktivitäten sind durch Messeauftritte auf Endverbrauchermessen geprägt, auf denen das komplette Sortiment ausgestellt wird. Außerdem werden Modenschauen gepaart mit professioneller Beratung und Verkauf angeboten. Dazu kommen Zeitungsannoncen in lokalen Zeitungen und Fachzeitschriften, Internetmarketing, durch z.B. einer eigenen Homepage oder auch Google AdWords. In Zukunft wird das Internetmarketing ein immer wichtiger Teil der Marketingaktivität werden, da potenzielle Kunden meist nur noch das Internet zur Suche nach Anbietern nutzen werden. Eine mobile Version der Homepage ist daher bereits in Planung.[203]

Dem HHAS steht der Gesellschafter und Gründer Jochem Möller vor. Langjährige Erfahrung als weltweiter Produktionsleiter bei Bekleidungsherstellern, wie z.B. Steilmann, und langjährige Tätigkeiten in Asien, bringen genaue Kenntnisse des Marktes und des Produktionsablauf, sowie der Marktteilnehmer mit sich. Als gelernter Schneider mit Handelserfahrung können Kundenwünsche optimal aufgenommen und umgesetzt werden.[204] Fünf weitere Mitarbeiter und eine Auszubildende stehen dem Geschäftsführer zur Seite.

4.3 Vertikalisierung durch Einführung einer Handelsmarke

4.3.1 Vorbereitung

Das HHAS verfolgt durch die Umsetzung einer Front-End-Driven-Vertikalisierung als Bekleidungseinzelhandelsunternehmen den Aufbau der Basis zur Einführung einer klassischen Handelsmarke für Hochzeitskleider,[205] um die Wettbewerbsstrategie der Differenzierung erfolgreich umzusetzen. Die Wettbewerbsstrategie der Differenzierung wird mithilfe der Konzentration auf die Marktnische des Spezialsortiments Hochzeits-

---

[201] Vgl. Hochzeitshaus Haltern am See (2012e); Vgl. Hochzeitshaus Haltern am See (2012f)
[202] Vgl. Hochzeitshaus Haltern am See (2012c) Vgl. Hochzeitshaus Haltern am See (2012a)
[203] Vgl. Jochem Möller (2012) Interview, S. 72
[204] Vgl. Jochem Möller (2012) Interview, S. 73 f.
[205] siehe Kapitel 3.3

mode umgesetzt, um die Ziele des HHAS in einem engen Markt effizienter und wirkungsvoller durch spezielle und maßgeschneiderte Leistungen zu erreichen.[206] Der Aufbau einer klassischen Handelsmarke im mittleren Preissegment soll der „Differenzierungsproblematik aufgrund des strukturellen Wandels in der Bekleidungsindustrie und der Markenherstellerkonzentration bzw. den zunehmenden Billiganbietern aus China"[207] entgegen wirken. Die Versorgung des HHAS soll langfristig durch die direkte Marktumgehung der Markenhersteller sicher gestellt werden. Die alternative Wettbewerbsstrategie der Kostenführerschaft stellt aufgrund von Größennachteilen keine Alternative zur Differenzierungsstrategie für das HHAS dar. Die Verringerung der Abhängigkeiten zu den Markenherstellern und Großhandelsgeschäften durch den Aufbau einer eigenen Handelsmarke bietet Umsatzsteigerungspotenziale infolge der guten Marktkenntnisse und Trendinformationen die das HHAS am PoS gewinnt. Durch die strategische Neuausrichtung aufgrund der Einnahme der Herstellerrolle wird es möglich direkten Einfluss auf die Sortimentsgestaltung und Sortimentszusammenstellung zu nehmen und Kundenwünsche individuell und zielgruppengerecht zu befriedigen. Die Strategie des „Trading-Up", also die Aufwertung des bestehenden des bestehenden Leistungsangebotes um das Wachstum des HHAS zu fördern, ist das Oberziel und dient vor allem der Differenzierung gegenüber der Konkurrenz. Aber auch die Erweiterung des Leistungsangebots mit weiteren Zusatzleistungen soll dazu beitragen das ehrgeizige Ziel, Marktführer in NRW zu werden, zu erreichen.

Die Differenzierung im HHAS erfolgt durch ein individuelles Sortiment, mithilfe einer exklusiven Handelsmarke in einem klar definierten Marktsegment.[208] Durch den Aufbau eines einzigartigen und positiven Images der Handelsmarke, das beim Kunden klar positioniert ist und sich von der Konkurrenz deutlich abhebt, ist zunächst keine Überregionalität und Nachfragemacht für das HHAS nötig. Eine konsequente Ausrichtung auf die Zielgruppe und das Angebot einer außergewöhnlichen Leistung über spezielle Produktattribute und Dienstleistungen bilden die Basis des Erfolgs.[209] Zunächst wird die Handelsmarke nur im eigenen Store des HHAS angeboten, soll jedoch bei einer erfolgreichen Einführung und der Annahme vom Markt über den Wholesale ausgeweitet werden. Die Handelsmarke ermöglicht dem HHAS somit den Eintritt in den

---

[206] Vgl. Gröppel-Klein, A. (1998), S. 45 ff.
[207] Vgl. Jochem Möller (2012) Interview, S. 73 f.
[208] siehe Kapitel 4.2
[209] Vgl. Gröppel-Klein, A. (1998), S. 45 ff.

Bereich des B2B-Marktes. Eine zu schnelle Einführung soll aufgrund von begrenzten Ressourcen, wie z.B. der Zeit, vermieden werden. Der Aussicht auf Umsatzsteigerungen und Wachstum, stehen die hohen anfänglichen Investitionskosten in Entwicklung, Produktion und Marketing entgegen.

Der Leistungserstellungsprozess einer Handelsmarke beschreibt die neuen Aufgaben des Bekleidungseinzelhändlers innerhalb des neuen vertikalen Systems und zeichnet sich durch einen effizienten Ressourceneinsatz innerhalb der Wertschöpfungskette aus. Auf das vertikalisierende Handelsunternehmen kommen vor allem planerische und kontrollierende Aufgaben zu. Grundsätzlich muss eine Make-or-Buy-Entscheidung für die Produktion getroffen werden. KMU des Bekleidungseinzelhandels entscheiden sich meist, wie auch das HHAS, für ein kooperatives vertikales System in dem die Zusammenarbeit mit Produzenten die neue Vorstufe des vertikalen Handelsunternehmens in der textilen Wertschöpfungskette darstellt. Auf eine Eigenproduktion wird aufgrund von Größennachteilen und der Kapitalintensität zunächst verzichtet.[210]

Der Leistungserstellungsprozess, in dem der Mehrwert für die Endverbraucher generiert werden muss, ist im neu geschaffenen vertikalen System in die Prozesse Entwicklung, Beschaffung, Logistik und Distribution gegliedert.[211]

Die Entwicklung der Handelsmarke beginnt mit der Festlegung des Markennamens bzw. des Markenzeichens. Der Markenname trägt maßgeblich, aufgrund der Herkunfts- ,Unterstützungs- und Identifizierungsfunktion von Marken (siehe Kapitel 3.2) für die Endverbraucher, zur Differenzierung bei.[212] Die Einzigartigkeit des Leistungsangebots des HHAS wird durch den Markenname im Sortiment gekennzeichnet. Der Markenname „mel.S for a perfect day" steht aufgrund der einzelnen Buchstaben für die Begriffe „Möller, exklusiver Lifestyle" und soll an eine junge und dynamische Frau erinnern (siehe Abbildung 9). Der Slogan „for a perfect day" spiegelt die Unternehmensphilosophie wider und soll die Markenaussage zusätzlich unterstützen. Das Markenzeichen zeichnet sich durch klare Linien aus, wirkt jedoch auch ein wenig verspielt.[213] Die Handelsmarke mel.S for a perfect day soll als klassische Handelsmarke am Markt etabliert und speziell auf die Zielgruppe des HHAS ausgerichtet werden.

---

[210] siehe Kapitel 2.2.1
[211] Vgl. Kerner, J. (2010), S. 31 ff.
[212] Vgl. Mels-Bridal (2012)
[213] Vgl. Jochem Möller (2012) Interview, S. 78

Abbildung 9: Handelsmarke des HHAS
Entnommen aus: Mels-Bridal (2012)

Anschließend erfolgt die strategische und operative Planung der Einführung der Handelsmarke, bei der die Produktgruppen und der Umfang der Handelsmarkenkollektion festgelegt und auf die Zielgruppe abgestimmt werden müssen.
Zunächst muss das HHAS eine Sortiments- und Produktplanung durchführen. Produkt- und Sortimentsentscheidungen stellen Basisentscheidungen eines Unternehmens dar, mit Auswirkungen auf alle Bereiche, da die angebotene Ware das Herzstück des Handels darstellt. Die Sortiments- und Produktplanung bietet dem HHAS die größte Einflussmöglichkeit im vertikalen System zur Differenzierung des Leistungsangebots und zur Verringerung der Abhängigkeiten zu den Markenherstellern.
Die Sortimentsplanung stellt die Rahmenplanung der qualitativen und quantitativen Struktur des Gesamtangebots an Handelswaren dar und legt die Breite und Tiefe sowie die angebotene Warengruppe des Sortiments fest. Das HHAS hat sich für ein schlankes Produktprogramm einer Einzelmarke für ausschließlich Hochzeitskleider mit einem Umfang von 25 bis 40 Modellen entschieden. Dabei werden hochwertigste Materialien eingesetzt und verarbeitet, um dem angestrebten Markenimage gerecht zu werden. Ein Leistungsangebot der Handelsmarke, das sowohl Herrenanzüge als auch Hochzeitskleider enthält, wird zunächst aufgrund der Komplexität und der zur Verfügung stehenden Ressourcen nicht umgesetzt. Bei der Analyse der Zielgruppe der Handelsmarke stehen die Faktoren Kaufverhalten, Einkommen, Altersgruppe, Trends, Modegrad und Konfektion, sowie Qualität- und Preisvorstellungen der potenziellen Zielgruppe im Vordergrund (siehe Kapitel 4.2). Ein kontinuierliches Trendscouting ist notwendig um Veränderungen im Konsumverhalten der Zielgruppe frühzeitig zu erkennen und die Kunden-

wünsche in Gesamtangebot widerspiegeln zu können.[214] Um die Handelsmarke optimal auf die Zielgruppe des HHAS auszurichten erfolgt die Datengewinnung des Trendscouting im Front-End-Driven Modell der Vertikalisierung vor allem am PoS. Die Auswertung erfolgt sowohl kurzfristig zur Umsetzung aktueller Trends als auch jeweils vor der Entwicklung der neuen Handelsmarkenkollektion, sowohl über den Vergleich der abverkaufsstärksten Modelle als auch über Datensammlungen über jeden Einkauf und den subjetiven Eindruck der Verkäufer. Ebenfalls ist eine Trendanalyse über Fachmessen und Trendvorträge sowie die Auswertung der Kollektionen der Konkurrenz notwendig um eine effiziente Differenzierung zu erreichen. Zur Differenzierung der Handelsmarke setzt das HHAS vor allem auf eine internationale Ausrichtung, da Länder wie Frankreich oder die Niederlande Deutschland modisch voraus sind.[215]

Das vertikale System ermöglicht dem HHAS eine schnelle Reaktionsmöglichkeit um auf aktuelle Trends und individuelle Kundenwünsche zielgruppengerecht in der Handelsmarkenkollektion umzusetzen. Die Auslistung von Markenherstellern aus dem bestehenden Produktportfolio des HHAS zu Gunsten der Handelsmarke war nicht notwendig, da eine strategische Nische im Sortiment im Bereich der technischen Textilien vorhanden war.

In der anschließenden Produktentwicklung wird das Design der einzelnen Modelle der Handelsmarke festgelegt. Die Eigenschaften der einzelnen Produkte und spezielle Entscheidungen zur Sortimentszusammenstellung werden sowohl modisch als auch technisch getroffen.[216] Modisch werden bei der Produktentwicklung die Modelle, Stoffe, Farben, Sekundärmaterialien und abschließend die Schnitte unter der Berücksichtigung des Ziels der Differenzierung festgelegt. Das HHAS verwendet bei der Entwicklung der Handelsmarke hochklassige Materialien, die bis ins Detail gefertigt und mit handwerklichem Können bearbeitet werden. Die Modelle zeichnen sich durch eine ideale Passform aus.[217] Oft basieren die verschiedenen Modelle auf einem Grundmodell, um durch Skaleneffekte Zeit- und Kostenvorteile in der Entwicklung zu generieren. Alle Einzelteile der Handelsmarkenkollektion sollen auf Sortimentsebene gut kombinierbar sein, jedoch ebenso einen individuellen Charakter haben.

---

[214] Vgl. Kerner, J. (2010) S. 32
[215] Vgl. Jochem Möller (2012) Interview, S. 76 f.
[216] Vgl. Bruhn, M. (1996), S. 26
[217] Vgl. Jochem Möller (2012) Interview, S. 74

Die Modelle und Stoffe der Handelsmarkenkollektion von mel.S for a perfect day sind aufgrund der Verwendung von technischen Materialien,[218] mit z.b. eingearbeiteten Metallfäden, einzigartig am Markt. Eine spezielle Optik kann durch die leichte Formbarkeit des technischen Materials erreicht werden. Schnitte und Linienführung der Modelle der Handelsmarke sind speziell auf diese Stoffe abgestimmt.[219] Gleichzeitig hat das HHAS aber auch die am Markt gängigen Stoffe, wie z.b. Satin, zur Abrundung des Leistungsangebot der Handelsmarke in der Kollektion. Die Festlegung der Qualität, Design und Form der Modelle verläuft oft analog zu den Entscheidungen bei Markenherstellern.

Technisch müssen bei der Produktentwicklung Konstruktionszeichnung mit Maßangaben, Stücklisten, sowie die Qualitätswerte mit Toleranzen festgelegt werden. Ein eigens für das HHAS arbeitender Designer in Asien übernimmt sowohl die technische Entwicklung der Produkte als auch das Design. Dabei werden die Vorgaben des HHAS streng eingehalten. Die Entwürfe und Kalkulationen werden anschließend vor Ort mit dem Designer und Produzenten besprochen und ggf. Veränderungen vorgenommen.[220] Die Produkt- und Sortimentsentwicklung stellt die Basis für die weitere Leistungserstellung dar.[221]

4.3.2 Durchführung

Um die Versorgung des vertikalen Handelsunternehmens sicher zu stellen, sind Kooperationen mit Produzenten bei einer kooperativen Vertikalisierung von zentraler Bedeutung. Nicht nur die eigene Leistung, sondern auch die erfolgreiche Zusammenarbeit mit Partnern zeigt die Wettbewerbsfähigkeit und ist ausschlaggebend für die Unsicherheitsreduzierung und Kosteneinsparungspotenziale vertikaler Unternehmen. Die Beschaffungsmarktkonstellationen außerhalb des Handelsunternehmens geben den Rahmen für die Zusammenarbeit mit den Partnern vor. Die Kenntnis der Beschaffungsmarktsituation gilt als Basis für die Einführung einer Handelsmarke in einem vertikalen System. Einen sehr guten Überblick über die Rahmenbedingungen am Markt und viele Kontakte zu Produzenten konnte das HHAS aufgrund von früheren beruflichen Tätigkeiten des

---

[218] „Unter technischen Textilien sind solche Produkte zu verstehen, die Mehrheitlich unter dem Gesichtspunkt der Funktionalität konstruiert werden." Wulfhorst, B. (1998), S. 265; Vgl. Paul, D. (2008), S. 2 ff.
[219] Vgl. Jochem Möller (2012) Interview, S. 74 f.
[220] Vgl. Jochem Möller (2012) Interview, S. 75 f.
[221] Vgl. Kerner, J. (2010), S. 33

Inhabers aufbauen und bei der Umsetzung der Vertikalisierung aktiv nutzen. Langfristige Kooperationen konnten durch die Kenntnisse der Produzenten in Asien und die daraus resultierende Möglichkeit der direkten Kommunikation aufgebaut werden. Dies hat zu signifikanten Kosten- und Zeitersparnissen geführt. Die Kostenersparnisse im vertikalen System des HHAS, die bis zu 30 % betragen können, sind vor allem auf die Einsparung der Gewinnmargen der integrierten Wertschöpfungsstufe und auf Economies of Scope in der Produktion zurück zu führen. Zeiteinsparungen von mindestens 45 Tagen sind aufgrund der internen Koordinationsmöglichkeiten, dem verbesserten Informationsfluss innerhalb des vertikalen Systems und dem direkten Kontakt zu den Produzenten für das HHAS realisierbar. Die Einsparungen der Zeit und der Kosten in der Produktion tragen neben dem differenzierten Leistungsangebot zusätzlich zur Erhebung von Markteintrittsbarrieren für potenzielle Konkurrenten bei und verbessern die systembedingte Langsamkeit der traditionellen textilen Wertschöpfungskette. Jedoch können aufgrund der geringen Stückzahlen des HHAS in der Produktion keine Größendegressionseffekte generiert werden. Die Erhöhung des Geschäftsrisikos des HHAS aufgrund der internen Verteilung der fixen und variablen Kosten auf alle integrierten Wertschöpfungsstufen und eine geringere Flexibilität in der Wahl des Geschäftsfeldes stellen weitere negative Effekte der Vertikalisierung für das HHAS dar.

Die Handelsmarkenkollektion wird direkt am Produktionsstandort in Asien mit den Partnern besprochen, abgestimmt und exklusiv für den deutschen Markt produziert. Die Kooperationspartner erwiesen sich, im Gegensatz zum allgemeinen Trend in Asien als sehr zuverlässig. Jedoch erfolgt trotzdem eine stichprobenartige Qualitätskontrolle vor Ort. Es bestehen aufgrund der sich ständig ändernden Marktsituation in der Bekleidungsbranche keine langfristigen vertraglichen Bindungen zu den Kooperationspartnern.[222] Daher besteht für das HHAS die Möglichkeit der Erschließung neuer Technologien durch einen Lieferantenwechsel.

Eine effiziente Organisation der Supply-Chain des vertikalen Systems kann durch einen optimalen Informationsfluss und geringen Durchlaufzeiten in der Produktion zusätzliche Wettbewerbsvorteile durch Kosteneinsparungen und Zeitvorteilen für das HHAS generieren. Die Volumen- und Zeitplanung auf Produktebene erfolgt daher in enger Absprache zwischen den Partner. Die Steuerlogistik regelt den Abruf der Waren mit dem Ziel geringer Abschriften und Fehlmengen. Der Abruf kann entweder in Gesamt-

---

[222] Vgl. Jochem Möller (2012) Interview, S. 75

oder in Teillieferung, also nach dem Push- oder Pull-Prinzip, erfolgen. Im HHAS erfolgt diese nach dem „Pull-Prinzip". Zum Anfang jeder Saison, die im Segment Hochzeitsmode von Anfang November bis Ende Oktober dauert, wird die komplette Handelsmarkenkollektion, anhand von Terminvorgaben, an das HHAS ausgeliefert. Nachgeordnet wird, nach Abverkauf eines Teils des Sortiments oder auf eine spezielle Anfrage und kurzfristigen Trends hin, alle 2 bis 4 Wochen in Blockbestellungen.[223]
Die Ausgestaltung der Wertschöpfungskette umfasst die Leistungstiefe und den Kontrollgrad des vertikalen Unternehmens. Bei einer Fremdproduktion müssen die Art des Kontakts zu den Partnern in der Produktion, der Umfang der Händleraufgaben, die Wahl der Importregion und die Transportart festgelegt werden. Dabei ist es vor allem wichtig, dass die Wettbewerbsvorteile einer Handelsmarke, vergleichbare Qualität zu einem geringeren Preis als Markenware, eingehalten werden können. Die Importregion Vietnam wurde vor allem aufgrund der geringen Produktionskosten gewählt. Dabei folgt das HHAS dem allgemeinen Trend in der Bekleidungsindustrie, aufwendige Produkte, die in der Produktion arbeitsintensiv sind, in Länder mit geringen Lohnkosten zu produzieren, um dem Preisdruck standhalten zu können. Dabei achtet das HHAS jedoch sehr genau darauf, dass soziale Mindeststandards eingehalten werden. Zusätzlich wurde stark auf die Qualität der Produktion geachtet, um die Verkäuflichkeit der Ware sicher zu stellen.[224] Preis- und Konditionsverhandlungen führt das HHAS in direkter Kommunikation mit dem Produzenten und nicht indirekt über Agenturen. Der Preis ist stark abhängig vom Arbeitsaufwand, der Bestellmenge und dem eingesetzten Material, das auch vom Produzenten beschafft wird.[225] PPS und Produktion obliegen i.d.R. den Produzenten. Bei der Wahl der Logistik stehen die Transportarten Luftfracht oder der Seeweg als Alternativen zur Verfügung. Das vertikale Unternehmen muss unter Berücksichtigung der Aspekte Kosten und Zeit den optimalen Transportweg bestimmen. Bei Warentermingeschäften ist es vor allem wichtig, dass die richtige Ware, zur richtigen Zeit, in der richtigen Qualität, zum richtigen Preis, am richtigen Ort ist. Daher werden alle Kollektionsteile der Handelsmarke mel.S for a perfect day, wie in dem Bereich Hochzeitsmode üblich, per Luftfracht transportiert. Eine längere Transportzeit würde zu Lasten der Qualität der Waren gehen. Zusätzlich würde ein Zeitproblem aufgrund der langen Transportdauer entstehen und diesen vertikalen Wettbewerbsvorteil

---

[223] Vgl. Jochem Möller (2012) Interview, S. 78.
[224] Vgl. Jochem Möller (2012) Interview, S. 78 f.
[225] Vgl. Jochem Möller (2012) Interview, S. 78 ff.

aufheben. Eine optimale Verpackung der Ware soll zudem die Transportkosten gering halten. Die Abwicklung der Logistik erfolgt i.d.R. über einen Spediteur, aufgrund der Größennachteile des HHAS im Vergleich zum Wettbewerb. Jedoch ist auch eine eigene Abwicklung über das Zollamt möglich.[226] In der Auftragsabwicklung ist vor allem die Prüfung des Lieferanten zur Qualitätssicherung von entscheidender Bedeutung. Nur über eine konstant hohe Qualität lassen sich Kundenbindungspotenziale der Handelsmarke generieren. Die Kontrolle der Lieferanten des HHAS erfolgt vor und während der Produktion, über die Bestätigung von Produktionsmustern, bis zur endgültigen Freigabe der Produktion und der Abnahmen der Endprodukte.

Die Distribution, also der Waren- und Informationsfluss vom Werkstor bis zum PoS wird vom vertikalen Handelsunternehmen gestaltet. Der Transport, die Lagerung und die Zollabwicklung der Waren muss für die einzelnen Absatzwege separat organisiert werden. Die Gestaltung des Distributionsweges zum Endverbraucher im B2C-Bereich wird im eigenen Store, über die Präsentation der Produkte der Handelsmarke, realisiert. Im B2B Bereich wird die Handelsmarke bereits aktuell in einem eigenen Onlineshop und auf speziellen Großhandelsmessen, wie die Modatex in Essen, für B2B-Kunden angeboten.[227]

Die eigentlichen Handelsaufgaben des vertikalen Unternehmens beginnen beim Verkaufsprozess am PoS mit der Kontrahierungspolitik, also der Festlegung der Verkaufspreislagen und Zahlungsbedingungen. Dabei wird der Preisabstand zu den Markenherstellern besonders beachtet, um Kaufanreize für die potenzielle Zielgruppe zu generieren[228] und Konsumenten dazu bewegen, von den alt bewährten Marken abzuweichen.[229] Der Wegfall der Gewinnmarge der integrierten Wertschöpfungsstufe der Markenhersteller im vertikalen System bietet dem HHAS Spielraum in der Preisgestaltung am PoS. Die Kommunikationspolitik soll die bestehende Verkaufsargumente der Handelsmarke unterstützen und die Basis für die Schaffung von Wettbewerbsvorteilen legen. Konsumenten sollen zum Kauf der Handelsmarke durch persönlichen Verkauf, Werbung und Verkaufsförderung am PoS, animiert werden. Klassische Medien, z.B. Printmedien, können genutzt werden, um ein eigenständiges Profil der Handelsmarke zu generieren. Das HHAS nutzt dazu vor allem Anzeigen in Fachzeitschriften, wie z.B. in der „Hoch-

---

[226] Vgl. Jochem Möller (2012) Interview, S. 80
[227] Vgl. Jochem Möller (2012) Interview, S. 80; Vgl. Mels-Bridal (2012)
[228] Vgl. Bruhn, M. (1996), S. 27
[229] Vgl. Jochem Möller (2012) Interview, S. 81

zeit".[230] Die direkte Kommunikation, z.B. auf der Verkaufsfläche oder auf Messen, ist jedoch wirksamste Mittel zur Profilbildung der Handelsmarke, aber auch am wenigstens beeinflussbar für das vertikale Unternehmen.[231] Ein spezieller Leitfaden für die eigenen Verkäufer soll jedoch die Richtung der Kommunikation mit den Kunden vorgeben.[232] Zu Beginn der Markteinführung der Handelsmarke wurde verstärkt Marketing betrieben, um der Zielgruppe und dem Bekleidungseinzelhandel mit Multilabel-Stores die Marke bekannt zu machen. Der Einsatz eines Warenwirtschaftssystem dient der Kontrolle der Abverkaufszahlen, des Umsatzes und zur Optimierung der Planung.

Die neu gestaltete Organisation innerhalb des vertikalen Unternehmens ist auf eine schnelle Umsetzung von Kundenwünschen und Trends, von der alle Abteilungen betroffen sind, ausgerichtet. Design, Sourcing, Logistik, Qualitätskontrolle und Distribution setzen ihre Prozessschritte mit Hersteller- als auch mit Handelsfokus um.

4.3.3 Nachbearbeitung

Die Erfolgsmessung und Auswertung der Daten des Warenwirtschaftssystems und die Erfahrungen aus dem persönlichen Kontakt zur Informationsgewinnung am PoS geben Aufschluss über die Akzeptanz der Handelsmarke bei den Zielkunden. Die schnellstmögliche Umsetzung der am PoS aufgenommenen Kundenwünsche und der Ergebnisse der Auswertung des Warenwirtschaftssystems soll weiterhin optimiert werden. Die weitere Professionalisierung der Organisation, Mitarbeiterschulungen und der verstärkte Einsatz betriebswirtschaftlicher Erkenntnisse und Instrumente soll gewährleisten das weiterhin eine Differenzierung zu den Konkurrenten aufrecht erhalten werden kann. Problembereiche in denen die Zielgruppe nicht erreicht wird können durch verstärkte und gezielte Marketingaktivitäten verbessert werden. Für das HHAS stellen vor allem geographische Gegebenheiten die Problembereiche dar, die durch verstärktes Marketing und der Präsenz auf regionalen Messen beseitigt werden sollen.[233] Zeitungsberichte über die neue Handelsmarke und deren vertikalen System können zur Steigerung des Bekanntheitsgrades der Handelsmarke genutzt werden. Gleichzeitig findet erneut ein Trendsourcing für die neue Saison der Handelsmarke statt. Der Aufwand der

---

[230] Vgl. Jochem Möller (2012) Interview, S. 80 f.
[231] Vgl. Kerner, J. (2010) S. 36 ff.
[232] Vgl. Jochem Möller (2012) Interview, S. 80
[233] Vgl. Jochem Möller (2012) Interview, S. 81 f.

Vertikalisierung soll möglichst wenig Ressourcen des HHAS in Anspruch nehmen, indem nicht zu viele Schritte auf einmal umgesetzt werden und so der Bekleidungseinzelhandel, der als Basis der Vertikalisierung gilt, nicht vernachlässigt wird.

Einer erfolgreichen Einführung und Etablierung der Handelsmarke am Markt, die aufgrund des Wettbewerbsvorsprungs der etablierten Markenhersteller mindestens 2-3 Jahre dauert, folgt die Ausweitung des Angebots über den Wholesale und die Steigerung des Bekanntheitsgrades über die lokalen Grenzen hinaus.[234] Anschließend ist der Schritt zur Internationalisierung der Handelsmarke durch das Angebot über Verkaufsagenturen in den Niederlanden und der Schweiz geplant. Ein Rückzug der Vertikalisierung und der Handelsmarke ist bedingt durch die hohe Kapitalbindung und die bereits getätigten Investitionen nicht in Planung. Zusätzlich wird die Handelskollektion online auf einer eigenen Homepage präsentiert und bildet die Abrundung des Fremdmarkensortiments durch die Umsetzung einer Nischenstrategie.

---

[234] Vgl. Jochem Möller (2012) Interview, S. 81 f.

5. Fazit

Die Bekleidungsindustrie ist von starken Vertikalisierungstendenzen und Konzentrationen geprägt, um bestehende Effizienzverluste innerhalb der Wertschöpfungskette zu minimieren und eine optimale Zielgruppenansprache sicher zu stellen. Die Einzelhändler konzentrieren sich dabei vor allem auf die Entwicklung eigener Kollektionen, zur Verbesserung des Leistungsangebots. Handelsmarken stellen den Antrieb für vertikalisierende Bekleidungseinzelhändler dar. Vertikale Integrationen wirken sich in der realen Wirtschaft stark über die Marktmacht aus. Die Erstellung von Handelsmarkenkollektionen über kurzfristige Verträge mit Produzenten lässt den vertikalen Unternehmen dabei Spielraum für Flexibilität.

Wie in der Problemstellung bereits angedeutet zeigen vertikale Anbieter mit integrierten oder kooperativen Wertschöpfungsketten von der Produktion bis zum Verkauf der Waren in eigenen Shops, den Erfolg der Strategie und die KEFs der Bekleidungsbranchebranche: Schnelligkeit (Time-to-Market), Trendnähe, Preis und Qualität. Eine optimale Umsetzung dieser KEFs wird durch Vertikalisierung und die Einführung einer Handelsmarke möglich.

Die Vertikalisierung von Einzelhandelsunternehmen, durch die Einführung einer Handelsmarke dient als langfristiges Managementinstrument, mit dem keine kurzfristigen Umsatzsteigerung zu realisieren sind. Eine konsequente Umsetzung stärkt die Machtposition des Unternehmens im Wettbewerbsumfeld. Die Umsetzung einer Vertikalisierung ist, aufgrund der Komplexität und des Arbeitsaufwandes, jedoch nur für stabile Unternehmen mit einem gesunden Kerngeschäft geeignet. Eine effiziente Fortführung der Kernkompetenz Handel muss gewährleistet sein, nur dann kann eine Vertikalisierung erfolgreich umgesetzt werden. Geschwächte Unternehmen sollten nicht zusätzlich belastet werden. Vertikalisierung hat aufgrund der starken Interpendenzen zwischen den einzelnen Wertschöpfungsstufen eine grundlegende Veränderung der textilen Pipeline zur Folge und beschreibt eine asymmetrische Entwicklung innerhalb der Wertschöpfungskette. Der Trend geht sowohl zum Outsourcing (up-stream), z.B. der Logistik, als auch zum absatzmarktorientierten Insourcing (down-stream).[235] Vertikale Systeme

---

[235] Vgl. Zentes, J.; Neidhard, M.; Scheer, L. (2006), S.9

stellen mittlerweile einen signifikanten Erfolgsfaktor der Handelslandschaft, die durch permanente Forderung nach Schnelligkeit, Flexibilität und Kostenführerschaft geprägt ist, dar. Jedoch können starke Marktpositionen im Handel nicht einfach auf andere Wertschöpfungsstufen übertragen werden. Aufgrund des geringeren Risikos ist eine kooperative Vertikalisierung für KMU des Bekleidungseinzelhandels vorzuziehen. Die theoretischen Wettbewerbsvorteile einer Vertikalisierung, müssen jedoch auch praktisch umgesetzt werden können. Auch sind die tatsächlichen Kosten einer Vertikalisierung sehr komplex, daher ergeben sich nicht immer Kostenvorteile, auch wenn dies scheinbar zu erwarten wäre.[236]

Für eine erfolgreiche Umsetzung einer Vertikalisierung und den Aufbau einer Handelsmarke sind sowohl Handelserfahrung als auch technisches Knowhow und die Marktkenntnis der Produzenten unabdingbar. Die Vertikalisierung ist für den Bekleidungseinzelhandel notwendig, um der Marktbereinigung, aufgrund zu geringer Differenzierungsmöglichkeiten und der daraus folgenden Substituierbarkeit, zu entgehen.

Die Einführung einer Handelsmarke kann die spezielle Zielgruppe des Einzelhandelsunternehmens direkt ansprechen, die Erfahrungen aus dem direkten Kontakt mit den Kunden am PoS können optimal umgesetzt und ein Kundenstamm schnell aufgebaut werden. Handelsmarken müssen jedoch genauso sorgfältig überlegt, eingeführt und gepflegt werden wie Herstellermarken. Nur Handelsmarken mit einem eindeutig kommunizierten Mehrwert für die Endverbraucher werden erfolgreich sein, da die Konsumenten immer weniger bereit sind einen Aufpreis für Markenartikel zu zahlen. Der Erfolg hängt von verschiedenen unternehmensinternen, wie auch unternehmensexternen Faktoren ab. Die Handelsmarke mel.S for a perfect day wurde bereits erfolgreich am Markt eingeführt und zeigt bisher optimistische Abverkaufszahlen und zufriedene Kunden. Bisher wird die Handelsmarke nur im eigenen Store angeboten. Sie soll jedoch schon bald über Großhändler und internationale Agenturen in ganz Deutschland, Holland und der Schweiz vertrieben werden.[237] Die Differenzierung des Einzelhandelsunternehmens durch die Vertikalisierung in eine strategische Nische des Marktangebots, war erfolgreich und hat zu steigenden Abverkaufszahlen, einer verbesserten Organisation der Supply-Chain und der Verbesserung der Wettbewerbsposition geführt. Eine kontinuierliche Verbesserung der internen Prozesse und der Zusammenarbeit mit dem

---

[236] Vgl. Porter, M. (2008), S.398 ff.
[237] Vgl. Jochem Möller (2012) Interview, S. 82

Produzenten in Asien, führte zu einer immer effizienteren Organisation.[238] Dies bekommen nicht nur die Mitarbeiter intern, sondern vor allem die Kunden des HHAS zu spüren. Topaktuelle Mode in hoher Qualität, die in kurzer Zeit individuell an die Kunden angepasst wird, ist das Resultat. Das ohnehin gesunde Kerngeschäft wird nun im Sortiment, im Bereich des Marketings und auch im Umsatz durch Spill-Over-Effekte der eigenen Handelsmarke gestärkt. Marketing und Kollektionsaktivitäten der Handelsmarke stärken gleichzeitig die Retail-Brand des HHAS.

5.1 Zielerreichung

Das Ziel dieser Untersuchung war es die Wettbewerbsvorteile einer Vertikalisierung für den Bekleidungseinzelhandel herauszuarbeiten und diese am Beispiel des HHAS anzuwenden. Der Aufbau von Wettbewerbsvorteilen durch die Umsetzung einer Vertikalisierung und dem Aufbau einer Handelsmarke sind in der vorliegenden Untersuchung theoretisch und praktisch bewiesen worden, mit dem Ergebnis das die Vertikalisierung dem HHAS einen nachhaltigen Einfluss auf bestehende Versorgungs- und Absatzkanalstrukturen bietet. Um auf die eingangs gestellte Zielsetzung der Untersuchung zurück zu kommen, ist festzuhalten, dass eine Verringerung der Abhängigkeiten zu Markenherstellern, Umsatzsteigerungspotenziale durch die Einführung einer Handelsmarke und die Steigerung der Marktmacht, durch einen Mix aus Hersteller- und Handelsunternehmen und einer absatzorientierten Denkweise, erreicht wurden.[239]
Die Einführung der Handelsmarke in einem vertikalen Prozessmodell hat zu einer Sortimentserweiterung und Sortimentsabrundung, sowie zu einer Verbesserung und Erweiterung des Knowhows des Untersuchungsobjektes geführt. Zudem wurde durch eine Zielgruppenanalyse und Trendscoutings eine effiziente Differenzierung gegenüber der Konkurrenz möglich. Die Möglichkeit eigene Trends und damit einen unverwechselbarer Wettbewerbsvorteil gegenüber der Konkurrenz zu kreieren, die aufgrund kurzer Produktlebenszyklen und dem internen Verbleib des Knowhows schwer von Wettbewerbern kopiert werden können, konnte theoretisch aufgezeigt und praktisch bewiesen werden.[240] Die Einführung der Handelsmarke mel.S. for a perfect day hat für das HHAS zusätzlich eine Steigerung der Marktmacht aufgrund einer größeren Unabhängigkeit

---

[238] Vgl. Jochem Möller (2012) Interview, S. 81
[239] Vgl. Jochem Möller (2012) Interview, S. 81
[240] Vgl. Jochem Möller (2012) Interview, S. 81

gegenüber den Markenherstellern zur Folge. Desweiteren haben die vertikale Vertriebsstruktur und die Möglichkeiten der Markenbildung, sowie der Preisgestaltung zu einer Verbesserung der Machtposition geführt. Der Aufbau eines vertikalen Systems erwirkte eine Reduzierung des bestehenden Preis- und Margendrucks und die Substituierbarkeit des Untersuchungsgegenstands wurde im Vergleich zur Konkurrenz verringert. Ein individuelles Kundenangebot durch den Aufbau einer Handelsmarke die speziell an die Zielgruppe angepasst wurde und eine schnelle Reaktionsmöglichkeit auf aktuelle Trends, führte für das Untersuchungsobjekt zu einer Verringerung des Konzentrationsdrucks in der Bekleidungsindustrie. Zudem wurden die Unsicherheiten der traditionellen textilen Wertschöpfungskette verringert.

Ein kooperatives System bei der Vertikalisierung ist aufgrund der finanziellen Belastung sowohl theoretisch wie auch praktisch für KMU des Bekleidungseinzelhandels zu präferieren. Die Kosteneinsparungen des vertikalen Systems ermöglichen dem vertikalen Unternehmen bei einer optimalen Gestaltung des Supply-Chain die Handelsmarke zu einer vergleichbaren Qualität, jedoch zu einem geringeren Preis als Herstellermarken anzubieten und somit einen Wettbewerbsvorteil neben dem differenzierten Leistungsangebot zu generieren. Ein weiterer positiver Effekt der Vertikalisierung der aufgezeigt und nachgewiesen wurde, ist die Steigerung des Bekanntheitsgrades des KMU des Bekleidungseinzelhandels über die regionalen Grenzen hinaus.

5.2 Perspektiven

Die Intensität des Wettbewerbs und der Kostendruck werden auch in Zukunft die Entwicklung des Wettbewerbs in der Bekleidungsbranche weiter prägen. Die Internationalisierung wird der Wachstumstreiber der Bekleidungsbranche und verstärkt auch des Bekleidungseinzelhandels bleiben. So will auch das HHAS die Handelsmarke nach einer Etablierung am heimischen Markt international ausrichten. Die Politik muss die entsprechenden Rahmenbedingungen für einen erfolgreichen deutschen Export und Import schaffen. Die politischen Rahmenbedingungen für die Zukunft sind jedoch schwer abschätzbar. Krisen wie die Finanzkrise oder die Immobilienkrise in den USA können jederzeit wieder auftreten und die wirtschaftlichen Rahmenbedingungen, auch in der realen Wirtschaft, nachhaltig verschlechtern. Die Produktion wird weitestgehend in Billiglohnländer, wie z.B. Vietnam oder China, verlagert und nur noch das Knowhow verbleibt in Deutschland. Die Anzahl der Betriebe und der Beschäftigten in der Bekleidungsbranche in Deutschland wird daher weiter zurückgehen. Der Zugang zu Rohstoffmärkten und Produktionskapazitäten wird, aufgrund der Entwicklung der asiatischen Märkte in den Lohnkosten und der starken Dollarabhängigkeit, zudem zunehmend schwieriger und die Materialien teurer, sodass andere Materialien und Produktionsstandorte wieder in den Fokus der vertikalen Unternehmen rücken. Auch das HHAS sucht bereits aktiv nach neuen Partnern in der Produktion, um das Preisniveau unterhalb der Markenhersteller halten zu können.[241] Die Internationale Konkurrenz auf den einheimischen Märkten für den Bekleidungseinzelhandel und der Direktvertrieb von Bekleidung, vor allem über das Internet, werden weiter zunehmen. Der Onlinehandel wird auch für den Bekleidungseinzelhandel ein immer wichtigerer Faktor, der vor allem auch durch die Möglichkeiten des mobilen Internets verstärkt wird. Der Aufbau eines Informationssystems, zur Nutzung des Distributionskanals E-Commerce, wird in den nächsten Jahren, vor allem im Bekleidungseinzelhandel, mit der Verbesserung und dem Ausbau der unternehmensinternen Logistik einhergehen. Jedoch wird der Großteil des Umsatzes auch weiterhin über den stationären Handel generiert.[242] Handelsunternehmen werden neue Geschäftsfelder aufbauen und neue Angebote entwickeln, um die Marktteilnehmer besser zu erreichen und zu binden als bisher. Die sich weiter verschärfende Polarisierung der Distribution wird die Marktteilnehmer dazu zwingen, ihre Wettbewerbsposition neu zu bestimmen. Dies führt dazu dass die Markenhersteller, durch die zunehmende Einführung von Handelsmarken des Bekleidungseinzelhandels weiter unter Druck geraten werden, die Marktkonzentration der Markenhersteller weiter fortschreitet und die Markenhersteller sich ebenfalls verstärkt auf den vertikalen Absatzweg auf einem stagnierenden bzw. schrumpfen Markt konzentrieren. Zudem wird der Einzelhandel mit dem Trend zu Einkaufzentren und dem Sterben der Innenstädte konfrontiert, sowie mit der zunehmenden Konkurrenz aus anderen Wirtschaftssektoren. Die demographische Entwicklung,[243] die besagt das die Bevölkerungsanzahl sinkt und das durchschnittliche Alter steigt, muss zukünftig sowohl bei der Standortwahl, wie auch beim Leistungsangebot berücksichtigt werden und führt dazu das vertikale Vertriebssysteme im Bereich der hochwertigen Produkte Marktanteile hinzu gewinnen werden.

---

[241] Vgl. Jochem Möller (2012) Interview, S. 82 f.
[242] Vgl. KPMG (2012)
[243] Vgl. Rosenbusch, C. (2008), S. 48

Kostenreduzierungen und Prozessoptimierungen, sowie die Nutzung von Synergieeffekte durch die Integration von Prozessstufen werden weiter voran schreiten und die Kosten von Bekleidung weiter sinken lassen. Jedoch erhöht sich mit steigender Anzahl von vertikalen Systemen auch das Risiko, das sich vor allem durch die Kosten der Integration anderer Wertschöpfungsstufen darstellt. Eine Risiko- und Kostenverteilung über alle Marktteilnehmer ist nicht mehr möglich. Technologische Fortschritte können nicht mehr genutzt und die Kosten der Vertikalisierung müssen auf die gesamte interne Wertschöpfungskette verteilt werden.

Handelsmarken werden ihren Platz im Marktsegment weiter festigen und dem Verdrängungswettbewerb aufgrund der starken Markenprofilierung und Differenzierung standhalten. Die Handelsmarkenpolitik der Handelsunternehmen wird forciert und professioneller. Die Kooperationen des Handels mit Produzenten werden weiter zunehmen, auch um den Erlebnisfaktor der Filialen zu steigern und so die Kundenbindung zu erhöhen. Eine hohe Anpassungsfähigkeit des Handels an ständig veränderte Rahmenbedingungen geht einher mit der Zunahme des Koordinationsaufwandes der internen Prozesse. Durch die Umsetzung einer strategischen Markenführung soll eine Imageübertragung von der Handelsmarke auf das Unternehmen ermöglicht werden. Die Erweiterung des Produktangebots durch Handelsmarken im Sortiment kann, unter verschiedenen Labels um spezielle Zielgruppen anzusprechen, weiter ausgebaut werden. Die Internationalisierung der Handelsmarken wird zudem einen Bedeutungszuwachs erhalten. Die Einflussmöglichkeiten der Bekleidungseinzelhändler auf die Kollektionsentwicklung und Markenführung werden aufgrund der eingeführten Handelsmarke weiter steigen. Der eigentliche Markenname rückt immer weiter in den Hintergrund, da der Fokus zunehmend auf dem Produkt liegt.

Anhang

Anhang 1: Interview (2012) Jochem Möller

Interview Jochem Möller

Teilnehmer: Jochem Möller, Sebastian Möller

Agenda:

Allgemeine Informationen zum HHAS:

1. Welche Unternehmensform hat das HHAS?

Es handelt sich um die Unternehmensform des Einzelunternehmens. Es ist die einfachste und schnellste Art der Unternehmensformen. Eine Änderung der Unternehmensform in eine GmbH ist in Planung.

2. Gibt es eine Unternehmensphilosophie?

Der Slogan „Für den schönsten Tag in Ihrem Leben, gibt es keine zweite Chance" drückt die Unternehmensphilosophie am besten aus. Zu dem wichtigsten Tag im Leben unserer Kunden, wollen wir unseren Teil beitragen und Ihnen perfekte Outfits zur Verfügung stellen.

3. Welche Zielgruppe wurde für das HHAS definiert?

Die generelle Zielgruppe sind natürlich alle Heiratswilligen. Jedoch ist anzumerken das die Hauptzielgruppe bei Hochzeitsmoden zwischen 28 und 35 Jahren liegt. Bei den saisonabhängige Ball- und Abendkleider liegt die Zielgruppe bei 17 bis 21 Jahren, da es sich meist um Abschlussfeiern von Schulen handelt.

4. Warum wurde der Standort Haltern für das HHAS gewählt?

Der Standort Haltern bietet sehr gute Bedingungen. Er stellt das Tor zum Münsterland dar und dient der Bevölkerung des Ruhrgebiets als Naherholungsgebiet. Man nennt es auch „ Die grüne Lunge des Ruhrgebiets". Die große Anzahl an Wochenendbesuchern bringt eine automatische Steigerung des Bekanntheitsgrades des HHAS mit sich bringt. Der Standort Haltern bietet eine intakte Innenstadt, ohne direkte Konkurrenz von großen Einkaufszentren, mit einer der selten gewordenen ausschließlichen Fußgängerzone. Hinzu kommen günstigere Mietpreise als in den größeren Metropolen des Ruhrgebiets und die Sehenswürdigkeiten der Stadt, wie z.B. der Stausee und die Römerroute.

5. Wie ist die Konkurrenz und die Marktpositionierung des HHAS einzuordnen?

In Deutschland gibt es mehr als 1800 Hochzeitsmodehäuser. Eine Vielzahl dieser Hochzeitshäuser sind, aufgrund der dichten Bevölkerungsstruktur, in NRW und vor allem im Ruhrgebiet angesiedelt. Diese stehen, aufgrund ihrer geographischen Nähe, in unmittelbarer Konkurrenz zum HHAS. Das HHAS steckt, aufgrund seiner noch sehr jungen Unternehmensgeschichte, noch in der Wachstumsphase. Die relative Position zur Konkurrenz ist aufgrund der geringen Transparenz im familiär geprägten Einzelhandel schwer zu ermitteln. Einziger Indikator ist meist die Ladenfläche und da ist natürlich noch Luft nach oben für das HHAS.

6. Wie ist die aktuelle Marktlage der Bekleidungsbranche und besonders des Bekleidungseinzelhandel zu beurteilen?

Insgesamt schwierig. Die Konzentration der Markenhersteller in der Bekleidungsindustrie macht es dem Bekleidungseinzelhandel immer schwieriger sich gegenüber der Konkurrenz zu differenzieren. Ein wichtiger Wettbewerbsvorteil des Bekleidungseinzelhandels geht somit immer mehr verloren. Eigene Stores, Shop-in-Shop Systeme und Concessions der Markenhersteller erhöhen, durch zusätzliche Konkurrenz, den Druck auf die Einzelhändler. Die Strategie eine eigene Marke zielgruppengerecht im Handel zu platzieren ist die logische Folge. Ein differenziertes Produktportfolio zur Konkurrenz ist notwendig, um Kunden zu binden und neue hinzu zu gewinnen. Eine Beeinflussung ist hauptsächlich über das Produktangebot möglich. Wenn das Angebot stimmt, besteht auch die Chance auf genügend Kundschaft. Als Hauptkonkurrent des HHAS entwickelt sich zunehmend das Internet. Für den Bekleidungseinzelhandel ist es schwer die Preise zu halten. Daher muss der Handel vor allem mit kompetenter Beratung überzeugen und Einkaufserlebnisse generieren. Speziell fachspezifische inhabergeführte Handelsunternehmen Einzelhandelsgeschäfte werden aufgrund des Knowhow und der kompetenten Beratung werden auf ländlichen Gebieten gesucht.

7. Welches Marken- und Sortimentskonzept wird im HHAS verfolgt?

Im HHAS werden alle gängigen und bekannten Marken geführt. Es wird versucht über Marken, Preislagen und Größen, eine möglichst große potenzielle Kundengruppe abzudecken.

8. Welche Zusatzleistungen werden im HHAS angeboten?

Als Zusatzleistungen bietet das HHAS Maßanpassungen in einer eigene Maß- und Änderungsschneiderei an, sowie auf die Kunden angepasste Öffnungszeiten, nach Terminabsprache.

9. Welches Preissegment wird im HHAS angeboten ?

Das HHAS bietet durchschnittlich ein mittleres Preissegment an. Hochzeitskleider im HHAS liegen zwischen 300 und 1600 Euro. Der Durchschnitt am Markt liegt bei ca. 900 Euro. Herrenanzügen liegen im HHAS zwischen 399 und 800 Euro und damit ebenfalls im mittleren Preissegment.

10. Welche Zukunftserwartungen hat das HHAS an die Bekleidungsbranche und das Hochzeitsmodesegment ?

Vor allem das Segment der Hochzeitsmode wird, aufgrund der Zunahme von Singlehaushalten, schwieriger. Jeder 5. Lebt mittlerweile alleine in Deutschland. Jeder dritte in der Großstadt, jedoch nur jeder siebte auf dem Land. Daher hat der ländliche Standort eher Vorteile. Rabattschlachten und ein intensiver Verdrängungswettbewerb sind die Folge des schrumpfenden Marktes, der sich durch 17% weniger Eheschließungen im Jahr 2011 in NRW. Hinzu kommen der Internethandel und speziell die Produktpiraterie, die dem Segment der Hochzeitsmode und vor allem dem Bekleidungseinzelhandel zu schaffen machen. Auch aufgrund der Hilflosigkeit gegenüber der Produktpiraterie, über die man keine rechtliche Handhabung hat.

11. Welche Marketingaktivitäten verfolgt das HHAS und was sind die Erfolgsfaktoren der Aktivitäten ?

Das Hauptaugenmerk der Marketingaktivitäten des HHAS liegt bei Messeauftritten auf Endverbrauchermessen. Die Präsentation des kompletten Sortiments, ist neben organisierten Modenschauen, der zentrale Faktor. Neben dem eigentlichen zentralen Erfolgsfaktor, einer professionellen Top-Beratung. Natürlich werden auch Anzeigen in Fach- und Tageszeitschriften geschaltet. Ein immer wichtigerer Faktor wird das Internetmarketing. Die aktuelle Zielgruppe nutzt immer stärker das Internet, um für sich die richtigen Angebote zu finden. Diesem trägt das HHAS Rechnung, durch den Aufbau einer eigenen Homepage und diversen Online-Marketingaktivitäten, wie z.B. Google

Adwords. Auch versucht das HHAS durch den Aufbau einer Homepage für mobile Endgeräte den neuesten Trends gerecht zu werden.

12. Welche Kooperationen verfolgt das HHAS ?

Aktuell gibt es keine ernsthaften Kooperationen. Es befinden sich jedoch Kooperationen im Aufbau, um das Leistungsangebot des HHAS zu erweitern. Durch Kooperationen mit z.B. Cateringunternehmen, Fotografen und Reisebüros soll ein Gesamtpaket zur Organisation einer Hochzeit angeboten werden.

Fragen zur Vertikalisierung durch den Aufbau einer Handelsmarke:

13. Welche Gründe gab es für die Vertikalisierung des HHAS ?

Die Differenzierungsproblematik, aufgrund des strukturellen Wandels in der Bekleidungsindustrie und der Markenherstellerkonzentration bzw. den zunehmenden Billiganbietern aus China, war der Hauptgrund für die Vertikalisierung und den Aufbau einer eigenen Handelsmarke. Die Kostenführerschaft stellt, für das HHAS als Bekleidungseinzelhändelhändler, aufgrund von Größennachteilen, keine Alternative zur Differenzierungsproblematik dar. Zudem vertikalisieren sich die Markenhersteller zunehmend in Richtung PoS durch eigene Stores, Concessions und Shop-in-Shop Systemen und stellen eine zusätzliche Konkurrenz dar. Die Verringerung der Abhängigkeiten zu den Herstellern und Großhandelsgeschäften bietet dem HHAS Umsatzsteigerungspotenziale, durch die direkte Umsetzung der guten Marktkenntnisse und Trendinformationen. Eine strategische Neuausrichtung des HHAS ermöglicht einen direkten Einfluss auf die Kollektion und die Kundenwünsche. Die Markenhersteller setzen Bedürfnisse der Zielgruppe des HHAS nicht optimal um. Eine Verbesserung der Sortimentsgestaltung wird, durch den Aufbau einer Handelsmarke, erreicht. Zudem wird eine schnelle Reaktion auf spezielle Kundenwünsche möglich. Das Ziel des HHAS ist es, größtmöglichen Einfluss auf die

Gestaltung der Wertschöpfungskette zu nehmen, um eine differenzierte Produktgestaltung, aber auch die Steigerung des Warenrohertrags und die Optimierung der Beschaffung zu erreichen.

14. Welche Qualifikationen bringen Sie als Geschäftsführer, für die Umsetzung einer Vertikalisierung, mit ?

Durch meine langjährige weltweite Tätigkeit als Produktionsleiter für verschiedene Markenhersteller der Bekleidungsindustrie, u.a. Steilmann und Isabell Fashion, konnte ich Erfahrung in asiatischen Produktionsländern aufbauen und Kontakte knüpfen, die das HHAS nun aktiv nutzen kann. Darüber hinaus konnte ich zusätzlich zu meiner Schneiderausbildung, Erfahrung im Einkauf, in meiner Tätigkeit als Prokurist, sammeln. So konnte ich mir einen genauen Überblick über die Rahmenbedingungen am Markt aneignen und viele Kontakte zu Produzenten aufbauen.

15. Welche langfristigen Strategien verfolgt das HHAS ?

Der langfristige Ausbau des Leistungsangebotes, zum Wachstum des HHAS, ist das Oberziel. Dies soll vor allem durch den Aufbau einer eigenen Handelsmarke erfolgen. Aber auch durch weitere Zusatzleistungen soll das Leistungsangebot, z.B. durch Kooperationen, erweitert werden. Langfristiges Ziel des HHAS ist es Marktführer in NRW, im Bereich Hochzeitsmode, zu werden. Die flächendeckende Verbreitung der Handelsmarke und deren Internationalisierung, im angrenzenden Ausland, sind weiter Ziele, neben der kurzfristigen Etablierung der Handelsmarke. Die Steigerung des Bekanntheitsgrads über die lokalen Grenzen hinaus, durch aktives Marketing, ist ein weitere langfristiges Ziel des HHAS.

16. Was für ein Markenkonzept steht hinter der neuen Handelsmarke ?

Das Image der Handelsmarke mel.S for a perfect day, soll Luxus und unbezahlbare Schönheit für den besonderen Tag im Leben bedeuten. Die Brautkleider von mel.S for a perfect day, werden dafür aus hochklassigen Materialien mit künstlerischer Hingabe und handwerklichem Können bis ins Detail gefertigt. Sie besitzen eine ideale Silhouette und damit einen hervorragenden Sitz. Beim Tragen schätzt es die Braut, beim Anblick sehen es die Gäste. Dieses gehobene und luxuriöse Image wird über alle Marketingaktivitäten kommuniziert. Nur wer die Kunst des Schneiderhandwerks beherrscht, kann auch ein perfektes Kleid entwerfen. Dies soll vor allem beim Aufbau eines „Netzwerks" innerhalb der Kundengruppe durch Mund-zu-Mund-Propaganda genutzt werden. Die Modelle und Stoffe der Handelsmarke sind zudem einzigartig am Markt. Technische Materialien mit eingearbeiteten Metallfäden, sind sonst in keiner Hochzeitsmodekollektion zu finden. Aufgrund dieser Materialien kann eine spezielle Optik erreicht werden, die von Hand formbar ist. Der Schnitt und die Linienführung der Modelle sind speziell auf diese Stoffe abgestimmt, um dem Kunden optimales Wohlfühlgefühl zu geben.

Ablauf der Einführung einer Handelsmarke zur Erreichung von Wettbewerbsvorteilen

Fragen zur Vorbereitung und Planung der Vertikalisierung des HHAS

17. Welchen Integrationsgrad nutzt das HHAS in der Vertikalisierung ?

Das HHAS setzt im vertikalen Prozessmodell auf langfristige Kooperation, durch die Kenntnis der Marktteilnehmer in Asien, aus der früheren beruflichen Tätigkeit. Es erfolgt eine direkte Kommunikation mit den Produzenten, um geringe Kosten, aufgrund des Wegfalls von Agenturgebühren, zu generieren. Die Handelsmarkenkollektionen werden dabei vor Ort besprochen und eng mit dem Produzenten abgestimmt. Es handelt sich um eine exklusive Produktion für den deutschen Markt. Den Produzenten schätzen wir als sehr Zuverlässig ein. Die Produktionen waren bisher wie abgesprochen von hoher Qualität und termingenau, was eher selten bei asiatischen Produzenten ist. Jedoch erfolgt trotzdem eine Kontrolle vor Ort. Es besteht zudem keine langfristige vertragliche Bindung, aufgrund der ständigen Änderungen der Marktsituationen, in der Bekleidungsbranche.

18. Welche Markteintrittsbarrieren gab es für das HHAS bei der Umsetzung der Vertikalisierung ?

Die hohen Investitionskosten der Vertikalisierung und die jeweils hohen Kollektionskosten, waren zu Beginn das größte Hindernis für das HHAS. Jedoch sind vor allem Marktkontakte nötig, um eine Vertikalisierung erfolgreich zu gestalten. Die Einführung dauert, aufgrund des Wettbewerbsvorsprungs der etablierten Markenhersteller, mindestens 2 bis 3 Jahre.

19. Welche Marktaustrittsbarrieren bestehen für das HHAS ?

Marktaustrittsbarrieren stellen vor allem die hohe Kapitalbindung und die bereits getätigten Investitionen dar.

20. Welche Kollektions- und Sortimentsgestaltung verfolgt das HHAS für die Handelsmarke mel.S for a perfect day ?

Die Handelsmarke soll eine möglichst große Zielgruppe erreichen. Daher wurde für die Handelsmarke eine breite Handelsspanne festgelegt, um möglichst alle Kunden zufrieden stellen. Festgelegt wurde ebenfalls das ein Gesamtpaket aus Hochzeitskleidern und Herrenanzügen zunächst zu komplex und kapitalintensiv gewesen wäre. Daher entschied man sich für ausschließlich Hochzeitskleider, mit einem schlanken Produktprogramm zwischen 25 und 40 Modellen. Die gängigsten und bestverkauften Modelle werden dabei in die neuen Kollektionen übernommen, um Absatzsicherheit zu haben und Entwicklungskosten zu sparen. Es werden jeweils nur kleine Veränderungen an den Modellen vorgenommen. In den Kollektionen der Handelsmarke mel.S for a perfect day werden ausschließlich hochwertige Materialien eingesetzt und professionell verarbeitet.

21. Wie läuft im HHAS die Sortiments- und Produktentwicklung ab?

Die Kollektionen von mel.S for a perfect day haben eine internationale Ausrichtung, aufgrund des modischen Vorsprungs von Ländern wie Frankreich oder den Niederlanden. Anhand von Informationen die am PoS gewonnen werden, sowie Trendsscountings auf Messen, wird die Handelsmarkenkollektion erstellt. Datenblätter von jedem Einkauf, der subjektive Eindruck der Verkäufer und Trends auf Messen, fließen in die Kollektion mit ein. Zunächst werden dabei die Modelle festgelegt. Im Anschluss die verwendeten Stoffe, Farben und Zutaten. Abschließend der Schnitt, bevor die Modelle für die Musterproduktion freigegeben werden. Das Highlight der Kollektion mel.S for a perfect day stellen die Modelle aus technischen Textilien dar, da diese einzigartig am Markt sind. Jedoch sind in der Kollektion auch die am Markt weit verbreiteten Stoffe, wie z.B. Satin, vorhanden.

22. Welche Zielgruppe soll speziell durch die Handelsmarke angesprochen werden?

Die Handelsmarke ist speziell auf die Zielkunden des HHAS ausgerichtet. Eine genaue Anpassung an die regionalen Gegebenheiten, soll die Kaufbereitschaft steigern. Prinzipiell handelt es sich um die selbe Zielgruppe, die auch im allgemeinen für das HHAS, definiert wurde. Im Rahmen der Handelsmarke soll das Produktangebot für diese Zielgruppe noch weiter optimiert werden.

23. Wie ist die neue Organisationsstruktur, im vertikalen Prozessmodell im HHAS, aufgebaut ?

Die Modelle, Schnitte und Farbe werden, in Zusammenarbeit mit einem Designer in Asien, festgelegt und nach den Vorgaben des HHAS, die Kollektion entwickelt. Alle Entwürfe werden vor Ort mit dem Produzenten und Designer besprochen und ggf. Änderungen vorgenommen. Dies kann auch die Kalkulationen der Preise oder die Qualitätswerte betreffen.

24. Wieso wurde der Markenname mel.S for a perfect day festgelegt ?

Der Markenname spiegelt, durch die einzelnen Buchstaben, die Begriffe „Möller" und „exklusiver Lifestyle" wieder und soll an einen jungen und dynamischen Namen eine Frau erinnern, um die Identifikation und den Wiedererkennungswert zu steigern. Der Slogan „ for a perfect day" spiegelt die Unternehmensphilosophie wieder und soll die Markenaussage zusätzlich unterstützen. Das Markenzeichen soll sich durch klare Linien auszeichnen, jedoch auch ein wenig verspielt sein.

Fragen zur Durchführung der Vertikalisierung

25. Auf welche Art und Weise besteht der Kontakt zu ihren Partner in Asien ?

Das HHAS führt Preisverhandlungen und andere Absprachen, wie z.B. die Kollektionsentwicklung, durch eine direkte Kommunikation mit dem Produzenten. Die direkte Kommunikation bietet Zeiteinsparungspotenziale von mindestens 45 Tagen und Preisvorteile von bis zu 30 % im vertikalen System im Vergleich zur traditionellen Wertschöpfungskette. Die Preisverhandlungen sind stark Abhängig vom Arbeitsaufwand, der Bestellmenge und dem eingesetzten Material, dass auch vom Produzenten beschafft wird.

26. Wie erfolgt die Auftragsabwicklung der neuen Handelsmarke ?

Die Auftragsabwicklung erfolgt im HHAS nach dem „Pull-Prinzip". Vor jeder Saison, die im Segment Hochzeitsmode traditionell von Anfang November bis Ende Oktober angesetzt ist, wird die komplette Handelsmarkenkollektion, anhand von Terminvorgaben, an das HHAS ausgeliefert. Die Nachorder erfolgt, je nach Abverkauf eines Teils des Sortiments oder auf eine spezielle Anfragen, alle 2 bis 4 Wochen in Blockbestellungen.

Die Importregion Vietnam, wurde vor allem aufgrund der geringen Produktionskosten und meiner guten Marktkenntnis gewählt. Dabei folgen, wir vom HHAS, dem allgemeinen Trend in der Bekleidungsindustrie, aufwendige Produkte, die in der Produktion sehr Mitarbeiterintensiv und somit auch kostenintensiv sind, in Länder mit geringen Lohnkosten zu produzieren. Dabei achten wir jedoch sehr genau darauf, dass soziale Mindeststandards in der Produktion eingehalten werden. Der Produzent wurde jedoch nicht ausschließlich anhand des Faktors der Kosten ausgewählt. Zusätzlich haben wird stark auf die Qualität der Produktion geachtet, um die Verkäuflichkeit der Ware sicher zu stellen

27. Findet eine Kontrolle der Produktion statt ?

Die Kontrolle unserer Lieferanten erfolgt vor und während der Produktion, über die Bestätigung von Produktionsmustern und geht bis zur endgültigen Freigabe der Produktion und der Abnahmen der Endprodukte. Dies erfolgt regelmäßig vor Ort.

28. Wie lang dauert die Produktion im vertikalen Prozessmodell im Vergleich zu traditionellen Produktion ?

Dem Motto „Die schnellen schlagen die Langsamen" wird durch die Vertikalisierung aktiv Rechnung getragen. Eine Verbesserung der Produktionszeit, um bis zu zwei Monate kann erreicht werden und bietet daher einen erheblichen Wettbewerbsvorteil. Besonders im Bereich der Hochzeitsmode sind schnelle Reaktionsmöglichkeiten sehr wichtg.

29. Wie erfolgt die logistische Abwicklung der Handelsmarke?

Bei Warenterminsgeschäften ist es sehr wichtig, das die richtige Ware, zur richtigen Zeit, in der richtigen Qualität, zum richtigen Preis, am richtigen Ort ist. Daher werden alle Kollektionsteile der Handelsmarke mel.S. for a perfekt day, wie in dem Bereich Hochzeitsmode üblich, per Luftfracht transportiert. Eine längere Transportzeit würde zu Lasten der Qualität der Waren gehen. Zusätzlich würde ein Zeitproblem, aufgrund der langen Transportdauer, entstehen und diesen Wettbewerbsvorteil des vertikalen Systems aufheben. Die optimale Verpackung der Ware, soll zudem die Transportkosten gering halten. Die Abwicklung erfolgt i.d.R. über einen Spediteur, aufgrund der Größennachteile die wir HHAS im Vergleich zum Wettbewerb haben. Jedoch können wir auch die Abwicklung über das Zollamt möglich selber organisieren, wenn es zeitlich passt.

30. Über welche Distributionswege soll die Handelsmarke vertrieben werden?

Im B2C-Bereich erfolgt die Präsentation der Produkte der Handelsmarke im eigenen Store. Im B2B Bereich wird die Handelsmarke in einem eigenen Onlineshop und auf speziellen Großhandelsmessen, wie z.B. die Modatex in Essen, für B2B-Kunden angeboten.

31. Welche Marketingstrategie setzt das HHAS für die Handelsmarke mel.S for a perfect day ein?

Wir setzen vor allem Anzeigen in Fachzeitschriften, wie z.B. die „Hochzeit", zur Profilierung unserer Handelsmarke. Zusätzlich soll ein spezieller Leitfaden für unsere Verkäufer, die Richtung der Kommunikation mit den Kunden vorgeben und so ein einheitliches Markenimage am PoS generiert werden.

32. Wie ist die Preisgestaltung für die Handelsmarke mel.S. for a perfect day angelegt?

Wir orientieren uns beim Preis für die Handelsmarke mel.S for a perfect day an den Markenherstellern. Der Preis wird unterhalb der Markenhersteller angesetzt, jedoch eine vergleichbare Qualität angeboten. Dies soll unsere potenzielle Zielgruppe dazu bewegen, von den alt bewährten Marken abzuweichen.

Fragen zur Nachbearbeitung der Vertikalisierung:

33. Welcher Kriterien sind für die Erfolgsmessung der Handelsmarke im HHAS ausschlaggebend?

Der Erfolg der Handelsmarke wird vor allem über eine Umsatzauswertung. Diese wird anhand der effektiven Abverkaufszahlen, also anhand einer Renner/Penner-Auswertung und aufgrund der Umsatzstärke vorgenommen. Natürlich fließt auch immer der subjektive Eindruck in die Auswertung und in die Gestaltung der neuen Kollektion ein. Dabei muss ein Gespür für Trends entwickelt werden.
Die Verringerung der Abhängigkeiten zu Markenherstellern, Umsatzsteigerungspotenziale durch die Einführung einer Handelsmarke und die Steigerung der Marktmacht, durch einen Mix aus Hersteller- und Handelsunternehmen und einer absatzorientierten Denkweise wurde durch die Umsetzung der Vertikalisierung erreicht. Die Möglichkeit eigene Trends, die aufgrund kurzer Produktlebenszyklen und dem internen Verbleib des Knowhows, schwer zu erreichen sind, haben sich zu einem unverwechselbaren Wettbewerbsvorteil gegenüber der Konkurrenz entwickelt. Dieser spiegelt sich in optimistischen Abverkaufszahlen der Handelsmarke mel.S for a perfect Day wieder. Eine kontinuierliche Verbesserung der internen Prozesse und der Zusammenarbeit mit dem Produzenten in Asien, hat zu einer immer effizienteren Organisation geführt.

34. Sind Ausweitungen der Vertriebskanäle des HHAS geplant ?

Vor allem geographische Gegebenheiten stellen die Problembereiche des HHAS dar, die durch verstärktes Marketing und der Präsenz auf regionalen Messen, beseitigt werden sollen. Vor allem im Münsterland sehen wir noch potenziale zur Umsatzsteigerung bzw. Kundengewinnung. Der Aufwand der Vertikalisierung, soll möglichst nicht all unsere Ressourcen in Anspruch nehmen. Dies versuchen wir, indem nicht zu viele Schritte auf einmal angegangen werden, umzusetzen. Der Bekleidungseinzelhandel der als Basis der Vertikalisierung gilt, soll nicht vernachlässigt werden. Der erfolgreichen Einführung und Etablierung der Handelsmarke, die mindestens 2-3 Jahre dauert, aufgrund des Wettbewerbsvorsprungs der etablierten Markenhersteller, soll eine Ausweitung des Angebots über Wholesale und die Steigerung des Bekanntheitsgrades über die lokalen Grenzen hinaus, erfolgen. Der Schritt zur Internationalisierung der Handelsmarke, durch das Angebot über internationale Verkaufsagenturen in den Niederlanden und der Schweiz, soll anschließend erfolgen. Der Rückzug der Vertikalisierung und der Handelsmarke ist, bedingt durch die hohe Kapitalbindung und die bereits getätigten Investitionen, nicht geplant.

35. Wie wird die zukünftige Entwicklung in der Produktion aussehen ?

Der Zugang zu Rohstoffmärkten und Produktionskapazitäten wird, aufgrund der Entwicklung der asiatischen Märkte in den Lohnkosten und der starken Dollarabhängigkeit, zunehmend schwieriger und die Materialien teurer, sodass andere Materialien und Produktionsstandorte wieder in den Fokus der vertikalen Unternehmen rücken. Auch wir suchen bereits Aktiv nach neuen Partnern in der Produktion in anderen Ländern, um das Preisniveau unterhalb der Markenhersteller halten zu können. Hier rückt immer mehr das Land Indien in den Vordergrund.

36. Welche Verbesserungsmöglichkeiten sehen Sie noch für das HHAS ?

Die weitere Professionalisierung der Organisation des HHAS und des vertikalen Systems, Mitarbeiterschulungen und der verstärkte Einsatz betriebswirtschaftlicher Erkenntnisse und Instrumente, stellen Verbesserungsmöglichkeiten des HHAS dar. Diese sollen auch aktiv umgesetzt werden. Entsprechende Maßnahmen, wie z.B. der Einsatz eines effizienteren EDV-Systems, sind bereits in Planung.

Literaturverzeichnis

Monographien

- Ackermann, C. (2004): Markenpolitik als Erfolgsfaktor – eine semiotische Analyse zur wachsenden Bedeutung der Marke im Kontext sich wandelnder Rahmenbedingungen, Frankfurt am Main, 2004
- Ahlert, D., Kenning, P. (2007): Handelsmarketing- Grundlagen der marktorientierten Führung von Handelsbetrieben, Berlin, 2007
- Ahlert, D.; Große- Bölting, K.; Heinemann, G.; Rohlfing, M. (2006): Internationalisierung im Bekleidungseinzelhandel, Münster, 2006
- Allgayer, F. (2007): Zielgruppen finden und gewinnen – Wie sie sich in die Welt ihrer Kunden versetzen, Landsberg am Lech, 2007
- Arentzen, U.; Winter, Dr. E. (1993): Gabler Wirtschaftslexikon, 13. Auflage, Wiesbaden, 1993
- Ausschuss für Definitionen zu Handel und Distribution (Hrsg.): Katalog E: Definitionen zu Handel und Distribution, 5. Ausgabe, Köln, 2006
- Baumgarth, C. (2008): Markenpolitik – Markenwirkungen – Markenführung – Markencontrolling, 3. überarbeitete und erweiterte Auflage, Wiesbaden, 2008
- Berekoven, L. (1995): Erfolgreiches Einzelhandelsmarketing – Grundlagen und Entscheidungshilfen, 2. Auflage, München, 1995
- Bug, P. (1999): Informationsmodelle für den Aufbau textilwirtschaftlicher Markt-Informationssysteme, Band 10, Renningen-Malmsheim, 1999
- Buzzel, R.D.; Gale, B.T.; Greif, H.-H.: Das PIMS – Programm, Strategien und Unternehmenserfolg, 1. Auflage, Wiesbaden, 1989
- Dieckmann, A. (1992): Flexibilitätsorientierte Strategien in der Textilwirtschaft. Eine mikroökonomisch und empirisch fundierte Analyse des Quick Response Konzeptes, Dissertation, Münster, 1992
- Esch, F. R.: Strategie und Technik der Markenführung, München, 2004

- Ettinger, A.; Fasnacht, M (2010): Auswirkungen von Einkaufsconvenience - Schriften zu Handel und Marketing, Diss., Frankfurt am Main, 2010
- Frahm, L.-G. (2004): Markenbewertung – Ein empirischer Vergleich von Bewertungsmethoden und Markenwertindikatoren, 1. Auflage, Frankfurt am Main, 2004
- Gröppel-Klein, A. (1998): Wettbewerbsstrategien im Einzelhandel – Chancen und Risiken von Preisführerschaft und Differenzierung, Wiesbaden, 1998
- Helferich, A. (2010): Software Mass Costumization, Dissertation, Stuttgart, 2010
- Hermanns, A.; Schmitt, W. (1999): Handbuch Mode-Marketing – Grundlagen, Analysen, Strategien, Instrumente – Ansätze für Praxis und Wissenschaft, 2. Auflage, Frankfurt am Main, 1999
- Herreiner, T. (1992): Der „Wert" der Marke: Darstellung und kritische Würdigung von Verfahren der Markenvaluierung, Augsburg, 1992
- Hofbauer, G.; Schmidt, J. (2007): Identitätsorientiertes Markenmanagement - Grundlagen und Methoden für bessere Verkaufserfolge, Berlin, 2007
- Kerner, J. (2010): Beschaffung im Eigenmarkengeschäft des Bekleidungshandels, 1. Auflage, Magdeburg, 2010
- Klaus, S. (2009): Deregulierung - Deregulierung der Netzbasierten Infrastruktur – Identifikation und Analyse von Lenkungsinstrumenten im Rahmen von De- / Regulierungsvorgängen in Primärinfrastruktursektoren, Norderstedt, 2009
- Kuhn, A.; Hellingrath, H. (2002): Supply Chain Management – Optimierte Zusammenarbeit in der Wertschöpfungskette, Berlin, 2002
- Kummer, S.; Grün, O.; Jammernegg, W. (2009): Grundzüge der Beschaffung, Produktion und Logistik, 2 Auflage, München, 2009
- Lang, J. (2008): Corporate Governance der Fußballunternehmen – Leitung, Überwachung und Interessen im Sportmanagement, Berlin, 2008
- Langenscheid (1998): Universal-Wörterbuch Amerikanisches Englisch, 1998, Berlin
- Linxweiler, R. (2004): Marken-Design - Marken entwickeln und Markenstrategien erfolgreich umsetzen, Wiesbaden, 2004
- Meffert, H.; Burmann, C.; Koers, M. (2005): Markenmanagement - Identitätsorientierte Markenführung und praktische Umsetzung. Mit Best Practice-Fallstudien, Wiesbaden, 2005

- Mellerowitz, K. (1964): Allgemeine Betriebswirtschaftslehre, Band 4, Berlin, 1964
- Müller-Hagedorn, L. (1998): Der Handel, Stuttgart, 1998
- Müller-Hagedorn, L. (2002): Handelsmarketing, 3. Auflage, Stuttgart, 2002
- Mütze, M.; Abel, M.; Senff, T. (2009): Immobilieninvestitionen – Die Rückkehr der Vernunft, München, 2009
- Paul, D. (2008): Die Textil- und Bekleidungsindustrie der EU, Hamburg, 2008
- Pesch, G. (1973): Das Moderisiko in der Textilwirtschaft, Münster, 1973
- Pesch, J. (2010): Marketing, 2. Auflage, Konstanz, 2010
- Pons (1999): Wörterbuch Englisch – Deutsch, Stuttgart, 1999
- Porter, M. (1989): Wettbewerbsvorteile, Frankfurt am Main, 1989
- Porter, M. (2008): Wettbewerbsstrategien – Methoden zur Analyse von Branchen und Konkurrenten, 11. Auflage, Frankfurt am Main, 2008
- Porter, M. (2010): Wettbewerbsvorteile – Spitzenleistungen erreichen und behaupten, 7. Auflage, Frankfurt am Main, 2010
- Rietdorf, S. (2011): Der deutsche Textileinzelhandel – Die wichtigsten Händler und ihre Strategien, Hamburg, 2011
- Rosenbusch, C. (2008): Demographischer Wandel und Bildungsgleichheit – Eine Chance für die Chancengleichheit ?, Gießen, 2008
- Stumpf, U. (1986): Marktschranken und Ertragskontrollen im Arzneimittelmarkt, Göttingen, 1986
- Woll, A. (2008): Wirtschaftslexikon, 10. Auflage, München 2008
- Wrona, Dr. T.(1999): Globalisierung und Strategien der vertikalen Integration – Analyse – Empirische Befunde – Gestaltungsoptionen, 1. Auflage, Wiesbaden, 1999
- Wulfhorst , B. (1998): Textile Fertigungsverfahren – Eine Einführung, München, 1998
- Zentes, J. Liebmann, H.-P. (2001): Handelsmanagement, München, 2001

Aufsätze/Artikel in Sammelwerken, Kommentaren, Festschriften

- Ahlert, Prof. Dr. D. (1993): Die Forschungsstelle für Textilwirtschaft (FATM) auf der Suche nach Perspektiven und Erfolgskonzepten für die textile Wertschöpfungskette, in: Ahlert, D.; Dieckheuer, G. (1993): Perspektiven und Erfolgskonzepte für den Bekleidungseinzelhandel, Band 42, Münster, 1993
- Bruhn, M. (2001): Begriffabgrenzung und Erscheinungsformen von Marken, in: Bruhn, M. (2001): Die Marke – Symbolkraft eines Zeichensystems, Bern, 2001
- Bruhn, M. (1996): Bedeutung der Handelsmarke im Markenwettbewerb – eine Einführung in den Sammelband, in: Bruhn, M. (1996): Handelsmarken im Wettbewerb – Entwicklungstendenzen und Zukunftsperspektiven der Handelsmarkenpolitik, Frankfurt am Main, 1996
- Diederich, Dr. H. (1981): Grundtatbestände der Betriebswirtschaftslehre, in: Jacob, H. (Hrsg.); Busse von Colbe, W. (1981): Allgemeine Betriebswirtschaftslehre, 4. Auflage, Wiesbaden, 1981
- Fensky, P. (2008): Prozessveränderungen – Anregungen für den strukturellen Wandel im Einzelhandel, in: Rieckhoff, C. [Hrsg.]: Retail Business in Deutschland – Perspektiven, Strategien, Erfolgsmuster, 2. Auflage, Wiesbaden, 2008, S. 349-364
- Fuchslocher, H. (1993): Der textile Facheinzelhandel: Situation, Prognosen und Perspektiven, in: Ahlert, D.; Dieckheuer, G. (1993): Perspektiven und Erfolgskonzepte für den Bekleidungseinzelhandel, Band 42, Münster, 1993
- Heider, U. H. (2006): Markenwert-Controlling, in: Zerres, C.; Zerres, M. P. (2006): Handbuch Marketingcontrolling, 3., überarbeitete Auflage, Berlin, 2006
- Hermes, O. (2008): Die Naturgesetze der Markenführung im Handel, in: Rieckhoff, C. [Hrsg.]: Retail Business in Deutschland – Perspektiven, Strategien, Erfolgsmuster, 2. Auflage, Wiesbaden, 2008, S. 275-299
- Kunkel, M. (2008): Vertikales Prozessmanagement im Retail-Loop – Schnellere, flexiblere und kostengünstigere Wertschöpfung über die gesamte Prozesskette am Beispiel des Fashionhandels, in: Rieckhoff, C. [Hrsg.]: Retail Business in Deutschland – Perspektiven, Strategien, Erfolgsmuster, 2. Auflage, Wiesbaden, 2008, S. 367-383

- Mei-Pochtler, A.; Odenstein, H. (2008): Mehr sehen und besser handeln: Erst ein wirkliches Vertsändnis des Käufers führt zu mehr Erfolg im Handel, in: Rieckhoff, C. [Hrsg.]: Retail Business in Deutschland – Perspektiven, Strategien, Erfolgsmuster, 2. Auflage, Wiesbaden, 2008, S. 123-144
- Merkle, W. (2008): Mango und Zara – Besonderheiten der neuen vertikalen Anbieter im deutschen Textileinzelhandel, in: Rieckhoff, C. [Hrsg.]: Retail Business in Deutschland – Perspektiven, Strategien, Erfolgsmuster, 2. Auflage, Wiesbaden, 2008, S. 429-445
- Pietersen, F. (2008): Handel in Deutschland – Status quo, Strategien, Perspektiven, in: Rieckhoff, C. [Hrsg.]: Retail Business in Deutschland – Perspektiven, Strategien, Erfolgsmuster, 2. Auflage, Wiesbaden, 2008, S. 33-70
- Schenk, H.-O. (1996): Funktionen, Erfolgsbedingungen und Psychostrategie von Handels- und Gattungsmarken, in: Bruhn, M. (1996): Handelsmarken im Wettbewerb – Entwicklungstendenzen und Zukunftsperspektiven der Handelsmarkenpolitik, Frankfurt am Main, 1996
- Täger, U. C.; Nassua, T. (1998): Der Einzelhandel in Westeuropa – Struktur und Entwicklungstendenzen, in: Zentes, J., Swoboda, B. (1998): Globales Handelsmanagement, 1. Auflage, Frankfurt am Main, 1998
- Wortmann, M. (2009): Hersteller, Einzelhändler und Importeure – Formen der Globalisierung im Bekleidungssektor, in: Sorge, A. (2009): Internationalisierung – Gestaltungschancen statt Globalisierungsschicksal, Berlin, 2009
- Zentes, J.; Swoboda, B. (1998): Globalisierung des Handels – Rahmenbedingungen – Antriebskräfte – Strategische Konzepte, in: Zentes, J.; Swoboda, B. (1998): Globales Handelsmanagement, 1. Auflage, Frankfurt am Main, 1998
- Zentes, J.; Neidhart, M.; Schramm-Klein, H. (2005): Handels Monitor 2005/2006, Expansion – Konsolidierung – Rückzug, Trends, Perspektiven und Optionen im Handel, 1. Auflage, Frankfurt am Main, 2005
- Zentes, J. (2006): Dynamik des Handels – Perspektiven und Zukunftsstrategien, in: Zentes, J. (2006): Handbuch Handel – Strategien- Perspektiven-Internationaler Wettbewerb, 1. Auflage, Wiesbaden, 2006
- Zentes, J.; Neidhart, M.; Scheer, L. (2006): Handels Monitor Special, Vertikalisierung – Die Industrie als Händler, 1. Auflage, Frankfurt am Main, 2006

- Zentes, J.; Morschett, D.; Krebs, J.(2008): Handels Monitor 2008, Die neue Mitte- Comeback eines Marktsegments, Frankfurt am Main, 2008

Zeitschriftenartikel oder Zeitungsartikel

- Janz, M.: Swoboda, B.: Vertikalisierung: Was zu tun ist (Teil 2), in Textilwirtschaft Nr. 40/2004, S. 30 ff.
- Müller, J.: Die vertikale Revolution, in: Textilwirtschaft 17/2006, S.24
- Schukel, Dr. M.: Formen, Gründe und Perspektiven der Vertikalisierung - theoretische Überlegung und empirische Ergebnisse einer Untersuchung im Bekleidungsmarkt, in Handel im Fokus, Vol. 54, No. 3, Köln, 2002, S. 202-215

Internetquellen

- BTE: Kundenfrequenz und Internetwettbewerb. URL: http://www.bte.debtePresseinfosindex.phpwe_objectID=838, Abgerufen am 15.03.12
- BTE: Fachhandel 2012. URL: http://www.bte.debtePresseinfosindex.phpwe_objectID=835,Abgerufen am 15.03.12
- BTE: Orderplanung. URL: http://www.bte.debtePresseinfosindex.phpwe_objectID=823, Abgerufen am 15.03.12
- Bundesministerium für Wirtschaft und Technologie: Textil- und Bekleidungsindustrie-Branchenskizze. URL: http://www.bmwi.de/BMWi/Navigation/Wirtschaft/branchenfokus,did=196528.html , Abruf am 15.03.2012
- Bundesministerium für Wirtschaft und Technologie: Textil- und Bekleidungsindustrie-Perspektiven. URL:

http://www.bmwi.de/BMWi/Navigation/Wirtschaft/branchenfokus,did=196536.html, Abruf am 15.03.2012

- Bundesministerium für Wirtschaft und Technologie: Textil- und Bekleidungsindustrie-Branchenkonjunktur. URL: http://www.bmwi.de/BMWi/Navigation/Wirtschaft/branchenfokus,did=197250.html, Abruf am 15.03.2012
- DBResearch (2012): Textil-/Bekleidungsindustrie: Innovationen und Internationalisierung als Erfolgsfaktoren. URL: https://www.dbresearch.de/PROD/DBR_INTERNET_DE-PROD/PROD0000000000275049.pdf, Abgerufen am: 08.08.2012
- Gabler Wirtschaftslexikon, Stichwort: Produktionskosten. URL: http://wirtschaftslexikon.gabler.de/Archiv/14291/produktionskosten-v6.html, Abgerufen am: 08.07.2012
- Gabler Wirtschaftslexikon, Stichwort: Marge. URL: http://wirtschaftslexikon.gabler.de/Archiv/12098/marge-v8.html, Abgerufen am: 08.07.2012
- Gabler Wirtschaftslexikon, Stichwort: Spillover-Effekt. URL: http://wirtschaftslexikon.gabler.de/Archiv/10407/spillover-effekt-v7.html, Abgerufen am: 08.07.2012
- Gabler Wirtschaftslexikon, Stichwort: Kollektion. URL: http://wirtschaftslexikon.gabler.de/Archiv/134402/kollektion-v4.html, Abgerufen am: 18.08.2012
- Gesamtverband der Textil- und Modeindustrie e.V: Textil- und Bekleidungsbranche-Branche. URL: http://www.textil-mode.dedeutschThemenBrancheK216.htm, Abgerufen am 15.03.12
- Gesamtverband der Textil- und Modeindustrie e.V: Textil- und Bekleidungsbranche-Konjunktur. URL: http://www.textil-mode.de/deutsch/Themen/Konjunktur-Statistik/K291.htm, Abruf am 15.03.2012
- Haltern am See: Tourismus. URL: http://www.haltern.de/tourismus/Folgeseite_Tourismus.asp, Abgerufen am: 06.07.2012

- H&M Hennes & Mauritz AB: Expansionsstrategie. URL: http://about.hm.com/content/hm/AboutSection/en/About/Facts-About-HM/About-HM/Expansion-Strategy.html#cm-menu, Abruf 13.06.2012
- H&M Hennes & Mauritz AB: Unternehmenskonzept. URL: http://about.hm.com/content/hm/AboutSection/en/About/Facts-About-HM/About-HM/Business-Concept-and-Growth.html#cm-menu, Aubruf am: 13.06.2012
- Hochzeitshaus Haltern am See: Sortimentsangebot. URL: http://www.hochzeitshaus-halternamsee.de/index.php/ueber-uns, Abruf am 24.05.2012
- Hochzeitshaus Haltern am See: Markenangebot. URL: http://www.hochzeitshaus-halternamsee.de/index.php/brautmode, Abruf am 24.05.2012
- Hochzeitshaus Haltern am See: Zusatzleistungen. URL: http://www.hochzeitshaus-halternamsee.de/index.php/service, Abruf am 24.05.2012
- Hochzeitshaus Haltern am See: Philosophie. URL: http://www.hochzeitshaus-halternamsee.de, Abgerufen am: 18.08.2012
- Hochzeitshaus Haltern am See: Herrenmode. URL: http://www.hochzeitshaus-halternamsee.de/index.php/herrenmode, Abgerufen am: 18.08.2012
- Hochzeitshaus Haltern am See: Party- und Abendmode. URL: http://www.hochzeitshaus-halternamsee.de/index.php/party-abend-und-schuetzenfestmode , Abgerufen am: 18.08.2012
- Institut für Mittelstandsforschung Bonn: Definition KMU. URL: http://www.ifm-bonn.org/index.php?id=89, Abruf am: 13.06.2012
- KPMG (2012): Trends im Handel 2012. URL: http://www.kpmg.de/docs/20120418-Trends-im-Handel-2020.pdf, Abgerufen am: 08.08.2012
- Mels-Bridal: Handelsmarke. URL: http://www.mels-bridal.de/, Abgerufen am: 12.07.2012
- Perspektiv Research (2012): Bekleidungsindustrie. URL: http://www.perspektiv.de/downloads/Per_BranchenrepBekleidung.pdf, Abgerufen am: 08.08.2012
- Pietersen, F.; KPMG (Hrsg.) (2001): Vertikalisierung im Handel – Auswirkungen auf die zukünftige Absatzwegestruktur. URL:

http://www.kpmg.de/libary/pdf/020727_vertikalisierung_im_handel_de.pdf, Abgerufen am: 08.08.2012

- Querschüsse: IHK Einzelhandelsumsätze und Konsumausgaben Deutschland. URL: http://www.querschuesse.de/deutschland-reale-einzelhandelsumsatze-mit-38/, Abgerufen am: 05.08.2012
- Trading-House: Verdrängungswettbewerb im Einzelhandel. URL: http://www.trading-house.net/news/boerse/ihk-nach-wie-vor-starker-verdraengungswettbewerb-im-einzelhandel-21318421.html, Abgerufen am: 06.08.2012